SHODENSHA
SHINSHO

JN317982

ンバウンドの衝撃

—外国人観光客が支える日本経済

知弘

祥伝社新書

はじめに

ここはニッポン？　外国語が飛び交う銀座・中央通り

東京の銀座といえば、日本人なら誰もが知る日本一の繁華街です。有名デパートや宝石店、高級ブティックをはじめ、ちょっと裏手に回れば画廊などが軒《のき》を連《つら》ね、最近ではグッチやシャネル、ブルガリ、アルマーニなどの世界中の高級ブランドが集結する、日本人からすれば「ちょっとお高くとまった」街。

銀座のお隣りの築地で育った私にとっては、銀座といえばやはり子供の頃からのあこがれの場所でした。銀座に出かけるときはちょっとおしゃれをする「ハレ」の場でもありました。

そんな愛着からか、銀座の、特に中央通り沿いにハンバーガーのマクドナルドやピザのシェーキーズ、牛丼の吉野家をはじめとしたチェーン店が軒を連ねていくことには便利さとは裏腹に、銀座の街並みが崩れていくのではないかと、当時、子供心にも危機感を持ったりしていました。

また現在でも、高級店などは自分とはまるで縁のない世界であっても銀座がこうしたチェーン店で埋め尽くされ、新宿や渋谷と大差がない街になってしまうことを嫌だなと思う気持ちには、変わらぬものがあります。

そんな特別な街・銀座がここ数年、驚くべき変貌《へんぼう》を遂《と》げています。平日の昼下がり、中央通りを八丁目にある博品館から京橋方面に歩くとびっくりするほど多くの歩行者が銀座の歩道を所狭しと埋め尽くしている光景に出くわします。

日本もずいぶん景気が良くなったのかと思いきや、日本人と同じような顔立ちをして歩いている人たちの話している言葉がまったく聞き取れません。この人たちは銀座を歩くちょっとおしゃれな男女ではなく、服装も話している言語も異なる訪日外国人客なのです。

この方たちは多くが観光バスでやって来ます。銀座と新橋の境目、東京高速道路の高架下には彼らを乗せたバスが続々と車列をなしてやって来、そこから大量の訪日外国人客が吐き出されていきます。

私の古くからの友人に銀座でお店をやっている社長さんがいます。数年前、彼と会って食事をしていたときのこと。

「最近、ガイジンが増えてきたよね。お店もひと頃よりはだいぶ成績いいんじゃない？」と私が聞くと、友人は顔をしかめて言いました。

「とんでもねぇよ。こっちとら迷惑千万ってもんだ。あの中国人ってぇやつはどうしてあんなに行儀が悪いんだろね。うるせえ声で話すし、店の商品勝手にいじくりまわすし。銀座ってもんがわかってねぇんだ。まったくもってごめんこうむるぜ。早くどっかいっちまいなぁ、ってんだ。こんちくしょう」

江戸弁丸出しの大変な剣幕です。銀座の老舗《しにせ》を継いだ彼からすれば、ガイジンなんて迷惑以外の何物でもないし、

「けえれ、けえれ」

と、お店から追い出しても不思議ではないな、と思いました。

ところが先日、件《くだん》の社長と再び会う機会がありました。

「銀座にはびこる傍若無人のガイジン、おめえ相変わらず追い払ってんの？」

と聞く私に彼は相好《そうごう》を崩して、

「へっ？　俺そんなこと言ったっけかな。いやあ、中国人ってやつはすげえね。偉大だね。まいったよ。バンバン買うよね。うちも銀聯《ぎんれん》カードっつうの？　あれ導入したらすげえよ。いや～盆と暮れがいっぺんにきちまったような騒ぎだぜ、ははは」

なんてわかりやすいのでしょう。あんなに頑固者だった彼がニコニコ顔です。

一方、大阪といえば道頓堀《どうとんぼり》。先日久しぶりに道頓堀を歩く機会がありました。道頓堀は銀座とは違って大阪の代表的「こてこて」の繁華街。喰い倒れの街です。グリコの看板の前、戎橋《えびすばし》といえば二〇一四年、プロ野球阪神タイガースが日本シリーズに進んだというだけで（実際リーグ順位は2位でしたけど）50人もの人があの汚い（としか思えない）川に飛び込んでしまうことで全国的にも有名な場所です。

その道頓堀を歩いていて驚きました。いつもは圧倒的な関西弁パワーが溢《あふ》れかえり、関東もんの私はおとなしくしている街に異変が起きています。おとなしく歩く私の周りを闊歩《かっぽ》する人たちの言葉がおかしいのです。中国語？　だけではありません。仕事柄、ちょっとはイントネーションがわかるのですが、中国語や韓国語に交《ま》じってタイ語、マレーシア語、タガログ語が飛び交《か》っています。なんということでしょう。アベノミクスで景気回復が叫ばれる日本で活気が戻りつつある繁華街を闊歩している人たちは、実はガイジンなのです。

今、日本の各地にこの現象が蔓延《まんえん》しています。ガイジンというとどこか胡散《うさん》臭いように思っている、あるいは言葉が通じないのでどうしたらよいかわからないというのが、多くの日本人が持つ、これまでの印象なのではないでしょうか。

それでも東京五輪が行なわれる。「お・も・て・な・し」と滝川《たきがわ》クリステルさんがにこやかに語りかけたけれど、いったいどうすればよいのさと、日本人は濁流のようにやってくるガイジンに対して「歓迎」と「とまどい」を感じながら増え続ける訪日外国人客を迎えています。

ガイジンから外国人へ。外国人から普通の「お客様」へ。私たちは考えなければいけないことがたくさんあります。

インバウンドという言葉は、まだ世間ではあまり知られていない旅行業界の単語だと思います。

インバウンド　＝　外国から日本にやってくる人
アウトバウンド　＝　日本から外国に飛び立つ人

という意味です。

さてこの「インバウンドの衝撃」が日本の旅行・観光業界を劇的に変えようとしています。本書ではこの変革の波を今後東京五輪が行なわれる二〇二〇年を軸にしながらも、五輪後をも見据《みす》えた大きなトレンドとしてとらえていきます。

地方創生が叫ばれる日本で、実はこの「インバウンドの衝撃」が日本の救世主となる可能性があるのです。この波をうまくつかまえることができるのか。少子高齢化の日本に最後に残された切り札です。このトランプの札の切り方をご一緒に考えてまいりましょう。

二〇一五年八月

牧野知弘《まきのともひろ》

目次

第一章

増加が止まらない訪日外国人客

増え続ける訪日外国人客

日本を訪れる外国人の増加が止まりません。二〇一一（平成二三）年日本を襲った東日本大震災の影響で一時、年間622万人に落ち込んでいた訪日外国人客の数は、その後急速に回復し、二〇一三（平成二五）年には政府の念願であった年間1000万人を軽く超え、翌年の二〇一四（平成二六）年にはその数は対前年比29・4％増の1341万人を数えるまでになりました。二〇一一年と比べれば倍以上の増加です。【図表①】

増加の勢いは二〇一五年になっても落ち着くどころか「加速」しており、一月から七月までの累計値（推定値）で1106万人、対前年同期比で353万人の増加、率にして46・9％という凄《すさ》まじい伸びを示しています。旅行業界大手JTBの試算では、二〇一五年訪日外国人客数は1500万人の大台に達するとの予測が出されていますが、このままの増加率で推移すると1500万人を大幅に上回り、1900万人台に乗ることも視野に入ってきました。

ビジット・ジャパン・キャンペーンという活動があります。これは、小泉純一郎《こいずみじゅんいちろう》

図表① 訪日外国人数推移

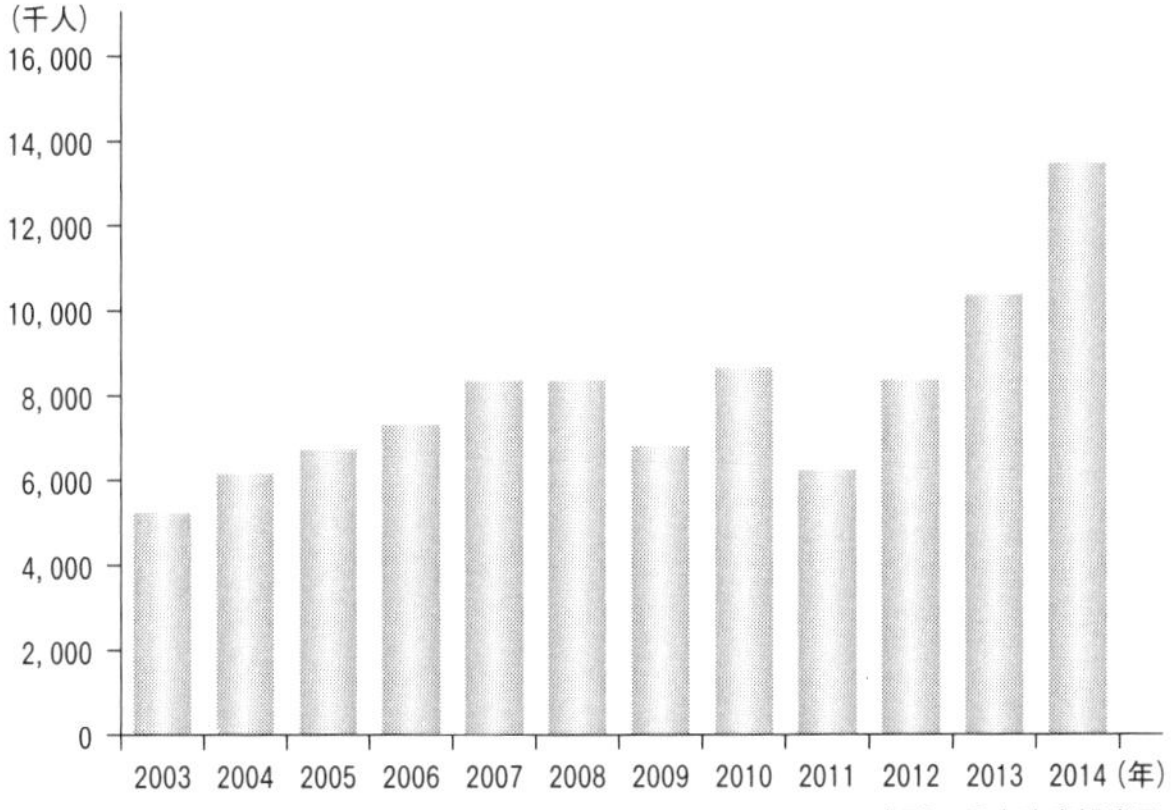

出所：日本政府観光局

内閣であった二〇〇三年四月一日に発足した外国人旅行者の訪日促進活動です。この活動は国土交通大臣を本部長に、関係省庁および民間団体、企業などが参加した「ビジット・ジャパン・キャンペーン本部」を中心として、海外での日本旅行の広報活動や国内の外国人旅行者のためのインフラ整備などを目指す組織です。

当時（二〇〇三年）、訪日外国人客数は524万人にすぎず、日本から出国する外国旅行者数（アウトバウンド）1652万人に対して、わずか3分の1以下という状況でした。キャンペーン本部は、当面の目標として二〇一〇年までに1000万人の達成を目指すという、当時としてはきわめて意欲的な値を掲《かか》げてスタートしたのでした。

活動の成果は徐々に現われ、二〇〇七年には800万人の大台に到達、1000万人も視野に入ったかと思われたのですが、二〇〇八年に生じたリーマンショックによる世界的な経済活動低迷の影響、追い打ちをかけるように発生した東日本大震災の影響等で、当面1000万人の目標達成は遠のいたかに見えました。

しかし、二〇一三年になり震災からの復興が着実な歩みをすすめ、さらには同年九月には二〇二〇年の東京五輪開催が決定するに至ると、日本を訪れる外国人客の数は急増したのでした。

これまで、政府は訪日外国人客数の目標を二〇二〇年東京五輪が開催される年に年間2000万人、としていました。しかし、この増加傾向でいくと、おそらくかなり早い段階で、訪日外国人客数が2000万人の大台を突破することはほぼ確実な情勢になってきた、と言ってよいでしょう。

今や銀座、道頓堀のみならず、日本中のありとあらゆる場所で数多く見かけるようになった外国人。その背景にはこのような短期間での訪日外国人客の激増があったのです。

主客は中国人とＡＳＥＡＮ

一口に外国人、といっても世界には数多くの国があります。いったいどこからこれだけの訪日外国人客はやってくるのでしょうか。

ビジット・ジャパン・キャンペーンがスタートした二〇〇三年と、訪日外国人客数が１３４０万人に急伸した二〇一四年を比較してみましょう。【図表②】

二〇〇三年においては訪日外国人客数５２１万人のうちトップが「韓国」の１４６万人、全体の比率で28％でした。この年はＮＨＫのＢＳ２チャンネルで「冬のソナタ」が放映された年。「冬ソナ」は翌年、総合テレビで繰《く》り返し再放送がされ、「韓《ハン》流ブーム」の火付け役となったドラマでした。多くの日本人、とりわけ「ヨンさま」ファンの中年女性が続々と観光に旅立っていった時代です。

また二〇〇二年のＦＩＦＡワールドカップが日韓共催ということもあり、日本と韓

2014年訪日外国人国別ベスト5

	国名	人数	全体比率	増加率
①	台湾	2,829,821人	21.1%	260.3%
②	韓国	2,755,313人	20.5%	88.8%
③	中国	2,409,158人	18.0%	436.8%
④	香港	925,975人	6.9%	255.9%
⑤	米国	891,668人	6.6%	36.0%
	総数	13,413,467人	100.0%	157.4%

2014年訪日外国人地域別動向

	地域名	人数	全体比率	増加率
	アジア計	10,819,211人	80.7%	208.1%
	うち東アジア	8,920,267人	66.5%	202.0%
	うち東南アジア	1,602,262人	11.9%	262.8%
	ヨーロッパ計	1,048,731人	7.8%	61.7%
	アフリカ計	28,336人	0.2%	49.0%
	北アメリカ計	1,112,317人	8.3%	39.3%
	南アメリカ計	56,873人	0.4%	118.9%
	オセアニア計	347,339人	2.6%	67.8%
	無国籍・その他	660人	0.0%	-51.6%
	総数	13,413,467人	100.0%	157.4%

＊増加率：2003年実績値に対する増加率

出所:日本政府観光局

図表② 訪日外国人国別・地域別分布状況(2003年/2014年)

2003年訪日外国人国別ベスト５

	国名	人数	全体比率
①	韓国	1,459,333人	28.0%
②	台湾	785,379人	15.1%
③	米国	655,821人	12.6%
④	中国	448,782人	8.6%
⑤	香港	260,214人	5.0%
	総数	5,211,725人	100.0%

2003年訪日外国人地域別動向

	地域名	人数	全体比率
	アジア計	3,511,513人	67.4%
	うち東アジア	2,953,708人	
	うち東南アジア	441,602人	
	ヨーロッパ計	648,495人	12.4%
	アフリカ計	19,015人	0.4%
	北アメリカ計	798,358人	15.3%
	南アメリカ計	25,987人	0.5%
	オセアニア計	206,994人	4.0%
	無国籍・その他	1,363人	0.0%
	総数	5,211,725人	100.0%

国の間の距離が歴史的にもぐっと縮まった時代でした。日本から韓国に出かける女性たちのみならず、韓国からも多くの旅行客が日本を訪れたのでした。

2位以下の順位は台湾、米国、中国、香港の順。歴史的にも日本と友好関係にある台湾は79万人を占め、中国本土からの45万人を大きく上回っています。全体としてはアジアで344万人（66・1％）、うち東アジアが295万人（56・6％）、東南アジアが44万人（8・5％）という構成でした。

二〇一四年はどうでしょうか。1位は韓国と入れ替わって台湾283万人（21・1％）です。二〇〇三年と比較すると3・6倍もの伸びです。ちなみに台湾の人口は二〇一三年現在で2334万人です。単純計算でいくと全国民の10人に1人以上が一年間で一度、日本を訪れているという大変な「親日」ぶりということになります。

韓国は朴《パク》政権になってからどうも日本としっくりといかず、両国の民間交流にも少なからず影響が出ていますが、そんな韓国ですら276万人（20・5％）、二〇〇三年と比較してもほぼ「倍増」しています。

象徴的なのが、中国です。二〇一四年はその数、241万人（18・0％）、二〇〇三年比5・3倍もの「激増」です。中国と日本の間も二〇一二年九月に尖閣《せんかく》諸島を日本が国有化して以来、冷え込んだ状況が続きましたが、訪日外国人客数については一時的な落ち込みこそ見られたものの、すぐに回復。政治と経済を上手に使い分ける中国のお国柄が現われているとも言えるでしょう。銀座や道頓堀に中国語が溢れかえる理由は、どうやら「爆発的」に伸長した中国と台湾の人々なのです。

東アジアからの訪日客は二〇一四年で892万人、全体の66・5%を占めるに至っていますが、もう一ヵ所、激増したエリアがあります。東南アジアです。

東南アジアはASEAN諸国とも言われ、タイ、シンガポール、マレーシア、インドネシア、フィリピン、ベトナム、カンボジア、ラオス、ミャンマー、ブルネイの10ヵ国に東ティモールを加えた国々を指しますが、エリア人口は約6億人にも及び、近年急速な経済成長を遂げています。中国や韓国とは異なり、比較的「親日」の国が多く、日本の製造業もこのエリアに多く進出し、日本企業が建てる工場には多くの現地住民が働いています。

この東南アジアからの訪日客は二〇一四年には160万人（11・9%）、二〇〇三年比3・6倍になっています。最近、街中で見かける訪日外国人客の話す言葉が従来のような中国語、韓国語のみならず、ちょっと耳慣れない言葉が聞こえてくるのは、東南アジアの人たちが話す、タイ語やマレーシア語だったのです。

このように見てくると、訪日外国人客数1000万人の立役者は「中国とASEAN諸国」の方々だったことがわかります。今まで日本では単純に「ガイジン」というとき、多くの日本人が思い浮かべる絵姿はどちらかといえば、アメリカやイギリスといった「西洋人」の顔でした。ところが、現在では日本中を中国とASEANという、一見すると日本人とあまり区別がつかない顔をした、多くの「ガイジン」が闊歩しているのです。

「ガイジン」という表記があまり似合わない、新しいスタイルの外国人の大量来日に今、日本はいろいろな分野で多くの影響を受け始めています。

訪日外国人客はなぜ急増したのか

最近の訪日外国人客の急増について、多くのメディアは「東京五輪の開催が決定した」ことを掲げますが、やや的外れな指摘に見えます。東京五輪の開催は二〇二〇年、しかも五輪は開催期間わずか17日間ほどのイベントにすぎません。世界的な認知も進み、オリンピックに負けないほどの集客が見込まれているパラリンピックも開催期間は13日間にすぎません。二つを合わせても、わずか約1ヵ月間のイベントです。ましてや今、日本にやって来たところで五輪を観《み》られるわけでもありません。

先述したようにこの増加を牽引《けんいん》しているのが中国とASEAN諸国です。このエリアから日本への観光客が増加したことにはおおむね次の三つの理由が考えられます。

①中国・ASEANでの中間所得層の激増
②中国・ASEANからの旅行客へのビザ要件の緩和
③「円安」による為替効果

中間所得層の定義はいくつか存在しますが、経済産業省「通算白書」（二〇〇九年）での定義を使うと、年間可処分所得が5000ドル（約60万円）から3万5000ドル（約420万円）の層を指します。

この中間所得層はさらに年間可処分所得が5000ドル超1万5000ドルまでのローワーミドル層と、1万5000ドル超3万5000ドル以下のアッパーミドル層に分類されます。

この分類によれば、ローワーミドル層は貧困から脱し、市場経済に参入した層をいます。つまり、新しい衣服を買い求め、テレビ、洗濯機、冷蔵庫といった家電製品を競って購入、携帯電話も手に入れる人たちのことです。以前、日本で一九五〇年代後半に三種の神器（白黒テレビ、洗濯機、冷蔵庫）として国民の多くが買い求めた時代と重なります。

これに対してアッパーミドル層になると、家電製品のみならず、自動車を所有し、医療や教育等のサービス支出が増え、週末や夏季、冬季などに長期休暇を取得する層ということになります。

現在、東アジアやASEAN諸国では中間所得層および富裕層（年間可処分所得3万5000ドル超）が激増し、懐《ふところ》に余裕ができた彼らが、競って海外旅行を楽しむようになっているのです。

では、具体的にどのくらいの中間所得層が、このエリアに存在するのでしょうか。日本貿易振興機構（ジェトロ）の調査によれば、中国におけるアッパーミドルおよび富裕層の人口はおよそ3億人程度とされます。ASEANはインドネシア、タイ、フィリピン、マレーシア、ベトナムの5ヵ国で約1億人強と見込まれます。

この数値は二〇〇九年ではそれぞれ、1億人と4000万人程度でしたので、この5年間で3倍近くに膨れ上がったことがわかります。

日本の人口が1億2730万人（二〇一三年）であることを考えると、ものすごい数の外国旅行を計画できる「消費者」が日本の周辺国に存在することになります。

さらに二〇二〇年の推計ではこの数は中国が6億人、ASEANが1億8000万人になることが見込まれています。現在よりもさらに2倍に増加するということです。ここでは触れていませんが、台湾、韓国、シンガポール、香港など、すでに分厚い中間所得層が形成されている国々も含め、日本に対する旅行需要は今後も大いに膨らんでいくことが容易に予想されるのです。

アジアを中心とした訪日外国人客の増加のもう一つの要因が「ビザ要件の緩和」です。特に訪日客の増加が見込まれるASEAN諸国の中のインドネシア、フィリピンおよびベトナムについて、日本は次のような「戦略的ビザの緩和」措置を実施しています。

・インドネシア向けのビザ免除（在外公館へのIC旅券の事前登録による）
・インドネシア、フィリピンおよびベトナム向けのビザの大幅緩和
i．一時ビザ実質免除（観光目的、指定旅行会社経由）
ii．数次ビザ大幅緩和（発給要件緩和、有効期間の5年への延長）

また、中国に対しても二〇一五年一月十九日より個人観光客向けに発給している「沖縄・東北三県数次ビザ」にかかわる経済要件を緩和することにより、日本を訪れる旅行者の数が大幅に増加することが予想されています。

そして、三番目の要因が為替です。

中国の通貨である「元」の円に対する交換レートは、二〇一〇年の平均で1元＝12・96円であったものが現在（二〇一五年八月二十六日）は18・76円。相場は約五割

も「円安」になっているのです。

これは、旅行者にとっては大変なインパクトです。旅行費用が知らぬ間《ま》に勝手に半値になってしまったようなものです。特に日本で大量のお土産《みやげ》を購入する中国の人たちにとっては、日本行きの大きなインセンティブになっているのです。

旅行をする余裕のある中間所得層が増え、ビザが緩和になって日本に行きやすくなり、円安で旅費が大幅安になったことで、「日本行き」を決断する旅行者が急増したというわけです。そしてこの傾向は為替は別としても、今後、東アジア、ＡＳＥＡＮ諸国が順調な経済成長を続けていく限り、需要はどんどん伸びていくものと考えられます。少子高齢化を避けることができない日本にとって、「外からやってくる訪日外国人客」の増加は日本の経済、地域社会に大きな影響をもたらすものと考えられるのです。

それでも観光後進国ニッポン

ようやく１０００万人を超えた訪日外国人客数ですが、観光国日本は世界の中ではどのくらいのポジションにあるのでしょうか。

実は1000万人超えで喜ぶなかれ。世界各国・地域が受け入れている外国人客数はトップがフランスで、その数はなんと年間8300万人(二〇一二年)にも及びます。【図表③】

続いて米国の7000万人、スペイン6000万人、中国5500万人の順となりますが、日本はずっと下がって、やっと世界27位に位置づけられます。アジアではタイの2650万人を筆頭にマレーシア、香港が2000万人超え。日本は韓国にも後《こう》塵《じん》を拝してアジア8位ということになります。

15位のメキシコで2400万人ですから、2000万人を超えても世界15位以内にも入れないわけです。日本はいまだ観光後進国といってよいでしょう。

このように日本にやってくる外国人の数は著《いちじる》しく増加した一方で、日本から外国に渡航する「アウトバウンド」の数はどのくらいあるのでしょうか。最近は日本人の若い方はあまり外国に興味を持たず、海外旅行も一時のような隆盛がなくなったと言われます。

図表③ 世界各国・地域への外国人訪問者数

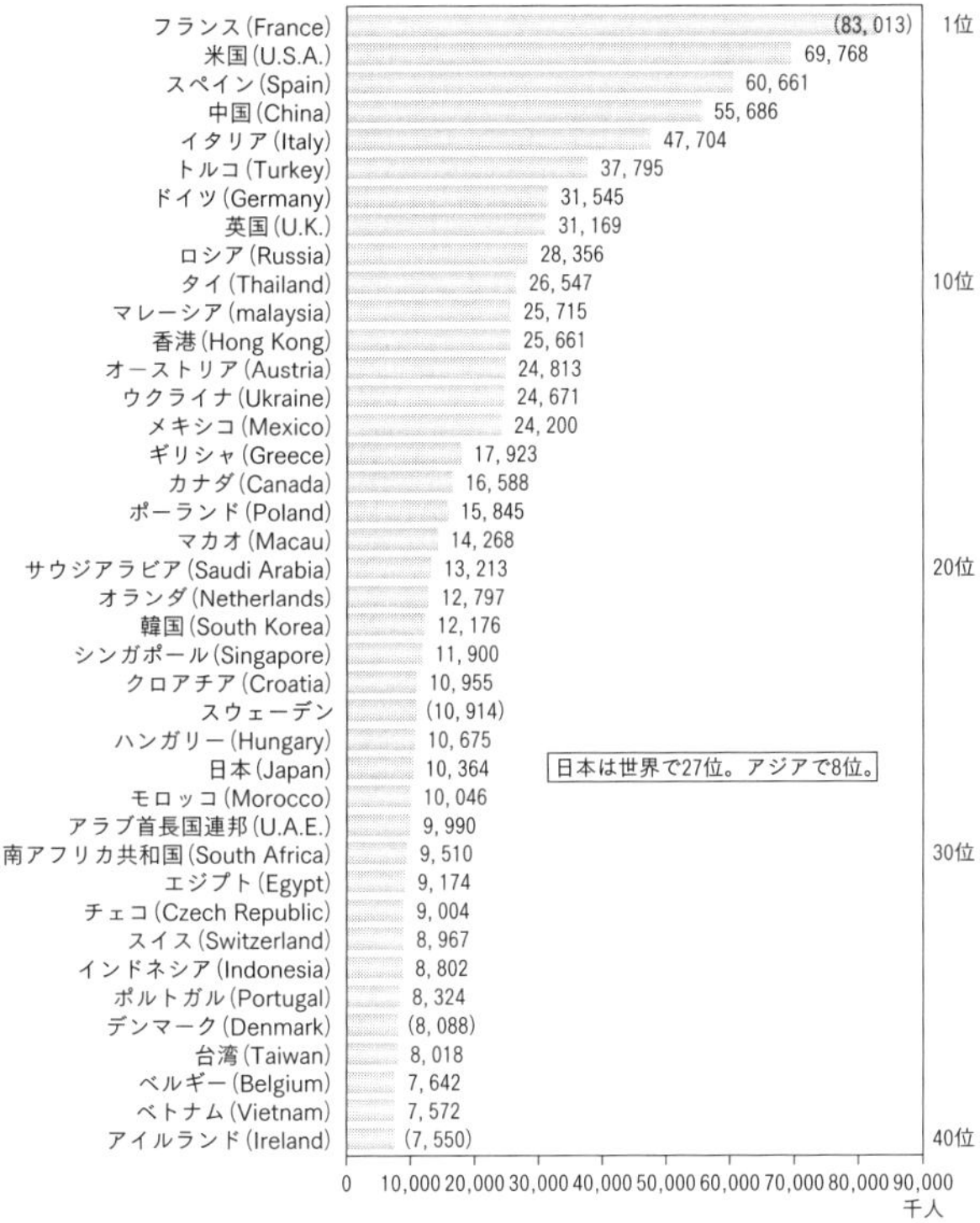

注１：本表の数値は2014年６月時点の暫定値である。
注２：フランス、スウェーデン、デンマーク、アイルランドは、2013年の数値が不明であるため、2012年の数値を採用した。
注３：アラブ首長国連邦は、連邦を構成するドバイ首長国のみの数値が判明しているため、その数値を採用した。
注４：本表で採用した数値は、韓国、日本、台湾、ベトナムを除き、原則的に１泊以上した外国人訪問者数である。
注５：外国人訪問者数は、数値が追って新たに発表されたり、さかのぼって更新されることがあるため、数値の採用時期によって、そのつど順位が変わり得る。
注６：外国人旅行者数は、各国・地域ごとに日本とは異なる統計基準により算出・公表されている場合があるため、これを比較する際には注意を要する。

出所：日本政府観光局作成

実際に日本から外国に出かける出国者数を見ると二〇一四年は1690万人です。この数値は二〇一二年の1849万人に比べると9%ほど減少しています。過去一〇年間を見ても、おおむねこの数は1600万人から1700万人程度です。

このままの推移でいけば、訪日外国人客数（インバウンド）と出国者数（アウトバウンド）が逆転する日も間近に迫っていると言えましょう。【図表④】

国際収支統計という数値があります。日本貿易振興機構（ジェトロ）が毎月発表している値ですが、このうち「項目別サービス統計収支」という分類の中で「国際旅行収支」というデータがあります。この数値、これまでは出国者数が訪日外国人客数を大幅に上回ってきたために、常に大きな赤字を計上してきました。

しかし、近年、訪日外国人客数が順調にその数を伸ばす中、国際収支のマイナス幅は急速に減少しています。二〇一四年でその数値はマイナス5億1000万ドル（約600億円）程度です。かつては常に200億ドル（約2兆4000億円）以上の赤字を計上していた姿とは、様変わりの様相です。さらに、二〇一五年に入り、訪日外国人客の数が急増を続ける中、国際旅行収支は年初から黒字が続き、年度換算ではついに

図表④ 訪日外国人数および日本人出国者数の推移と国際収支推移

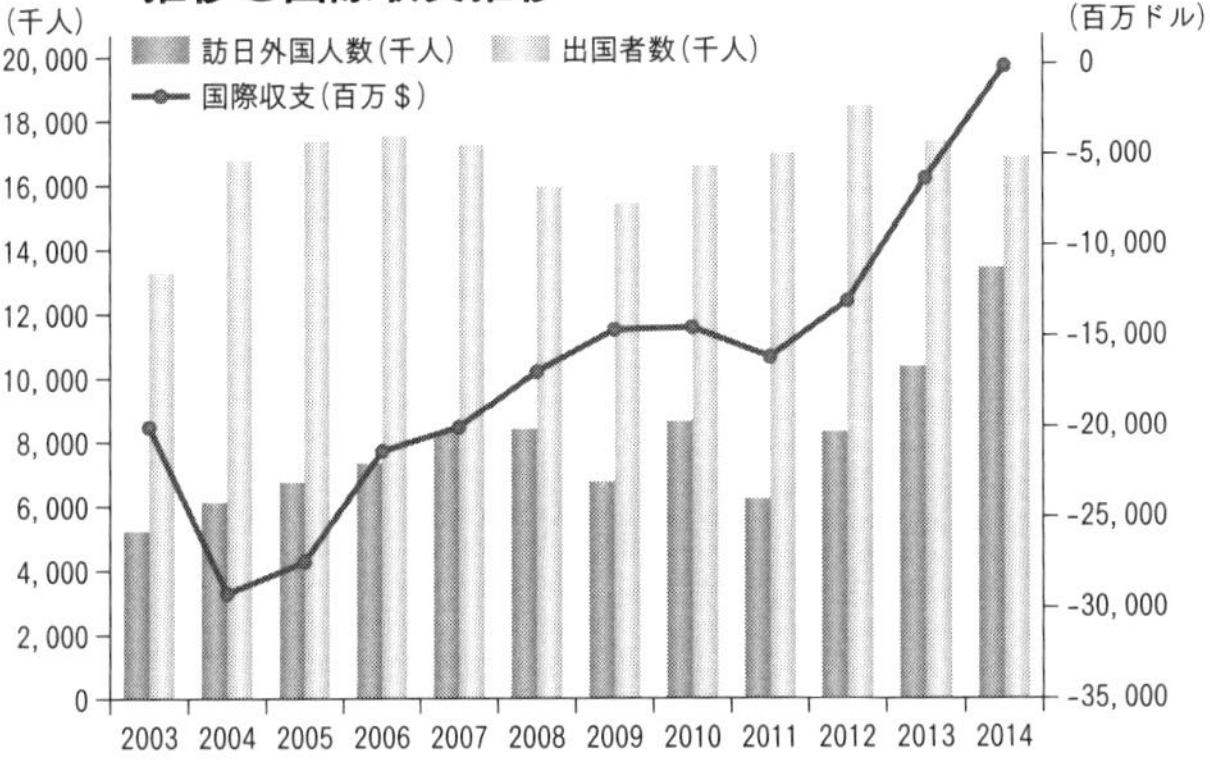

出所：国土交通省

二〇一四年度11億8500万ドル（1422億円）の黒字を計上するに至りました。

まだ世界でのポジションは低いとはいえ、ようやく「観光立国」を掲げたビジット・ジャパン・キャンペーンが本格的にその効果を発揮し始めています。そして、日本にとって「観光」という需要は、まだまだ開拓の余地がある「金城湯池《きんじょうとうち》」ともいえる存在なのです。

「観光立国」実現に向けた取組み

ビザの緩和だけでなく、政府は現在「観光立国」の実現に向けて精力的にさまざまな取組みを行なっています。

まずは訪日外国人客の来訪の促進を図る機構として従来からあった「国際観光振興機構」を改組して二〇〇九年一月「日本政府観光局（ＪＮＴＯ）」に改称。海外に14事務所を設置。海外現地職員を含め１２９名の体制（二〇一三年四月現在）を整えています。

しかし、運営予算となると観光庁が１０２億円、ＪＮＴＯが28億円。お隣りの韓国が日本の観光庁に当たる組織である文化体育観光部で５１９億円、韓国観光公社（ＫＴＯ）で54億円です。人員体制でも韓国観光公社５９０名と比較しても明らかなように、まだけっして十分な体制とは言い切れないものがあります。

しかし、二〇二〇年の東京五輪開催が迫る中、政府は二〇一三年三月には観光立国推進閣僚会議を開催、翌年一月には安倍《あべ》総理大臣より観光立国実現に向けた「アクションプログラム改定」の指示がなされ、同年六月に実行に移されています。

具体的には五輪向けイベント、インバウンド獲得に向けてのプロモーション、ビザの緩和、広域にわたる観光ルートの策定、外国人の受け入れ環境整備、ＭＩＣＥ（Meeting, Incentive tour, Convention, Exhibition 国際会議、研修、セミナー）開催の促進などの柱を掲げて「観光立国」の実現に向けて舵《かじ》を切っています。

特に最近効果を上げ始めているのは、外国人が日本で購入する商品等に対する免税制度の拡充です。二〇一四年十月より免税対象となる商品を一般物品（消耗品以外のもの）から食品や飲料、薬品、化粧品等の消耗品までを含む全品に拡大、免税店の設置を地方を中心に現在の倍に当たる1万店に拡充することを目指そうというものです。

また、免税手続きの簡素化もあわせて実施することによって、外国人が日本での買い物をより楽しめるように制度改正を行なっています。

このように政府は、「本腰」を入れて観光立国の実現に向けての取組みを開始しています。特にビザ要件の緩和や免税制度の拡充などは、お役所仕事としては異例のスピードで実行されるなど、取組みの「真剣さ」がうかがえます。

少子高齢化の進行が止まらない状況にある日本で、「人がいない」のなら「人を呼ぶ」というきわめてシンプルな発想のもと、多くの外国人を日本に呼び、日本の良さを実体験していただくことは、長い目で見た世界各国との友好、親善につながります。また、消費税増税などで萎縮《いしゅく》する日本の消費の活性化にもつながります。政府のこうした柔軟な対応には大いに期待していきたいものです。

団塊世代と外国人が支える旅行業界

最近、東京の街中を歩いているとさかんに目につくのが外国人たちの姿ですが、もう一つ違う集団が混ざっていることに気がつきます。高齢者の方々です。

団塊の世代と呼ばれる人たちがいます。一九四七（昭和二二）年から一九四九（昭和二四）年の3年間に生まれた人たちを呼ぶ名称ですが、この3年間に生まれた人たちは数が大変多く、現在でも合計で約八〇〇万人を数えます。

団塊の世代は、ある意味で日本社会に多くのインパクトを残し続けてきた世代でもあります。一九六〇年代後半の安保闘争時には大学でゲバ棒を振り回し、会社に入ってからはそんな思想はあっさりと捨て去って、会社に就職するや猛烈社員として働き、バブルを引き起こし、それらの処理の多くは後輩たちに押し付け、自分たちは満額の退職金をもらってリタイアした、常に「お騒がせ」な世代の方々です。

会社をリタイアしてまもないこの団塊の世代の人たちが、現在旅行業界では外国人と並ぶ「主役」となっています。朝の東京駅や新宿駅には、通勤客に交じってこれから旅行に出かけようかという高齢者の方々の姿が最近とみに増えていますが、その多くが団塊の世代を中心とした人々です。

ＪＴＢでは二〇一五年の国内旅行について、旅行人数を対前年比１％増の２億９０３０万人、旅行消費額を同１・８％増の９兆７８００億円としています。消費増税が実施された中でも、旅行業界は外国人と団塊の世代を中心とした高齢者需要で成り立っていると言えます。

しかし、今は元気に飛び回っている団塊の世代も、東京五輪が終了したのちの二〇二二年頃より「後期高齢者（満年齢七五歳以上）」の仲間入りを果たしていきます。この年代になると高齢者施設に入居したり、医療関係の支出を増やさざるをえなくなる人たちが増えてきます。

また、昭和三〇年代生まれ以降の世代になると人数そのものが減少する以上に、旅行はすべてネット予約で済ます人たちが主流となってきます。旅行会社にとっては売上をこの時代以降も維持することが難しくなってくると予想されています。

その分、訪日外国人客の需要の増加は、今後の国内旅行を支える切り札になります。外国人は国内旅行業者にとって、今後ますます大切なお客様となってくるのです。

「ひと」だけではない、インバウンドマネーの猛威

インバウンドの流れは何も「ひと」だけではありません。彼らは旅行中に日本に多くの「かね」を落としていきます。

訪日外国人客の旅行消費額は二〇一四年（推計値）で2兆円の大台を初めて超え、約2兆300億円になりました。訪日外国人客数が対前年比で29・4％の伸びであったのに対して、旅行消費額は同43・3％という大幅な伸びを記録しています。

これを四半期別の傾向で見ると、二〇一四年第4四半期（十月から十二月期）が5632億円で対前年同期比52・3％の増加。二〇一五年第1四半期（一月から三月）では7066億円と5期連続で過去最高記録を更新、対前年同期比で64・4％増とい

う驚異的な伸びを見せています。

日本の個人消費は推定で293兆円（二〇一四年）、名目GDPが488兆円（二〇一四年）。個人消費の0・6％、名目GDPの0・4％とその規模はいまだ小さいものの、着実に増加を続ける訪日外国人客の財布は観光業界から見れば大変魅力的なのです。

外国人が落としていく「かね」は、消費ばかりではありません。

最近は中国人を中心に、日本を含めた海外の不動産に投資する事例が増えています。ジョーンズ ラング ラサール社の調査によれば二〇一四年、中国が海外不動産に投資した金額は、前年比46％増の165億ドル（約2兆円）に達しました。さらに二〇一五年は20％増の200億ドル（約2兆4000億円）となると予測しています。

日本の不動産に対する投資額は正確なデータはありませんが、二〇一四年、都内で発表になった大型のオフィスビル売買事例のうち、東京の目黒区にある「雅叙園《がじょえん》」を約1400億円（推定）でラサールインベストメントという米国系不動産ファンドが買収をした事例があります。このファンドに対して投資資金を拠出したのがCIC

(中国投資有限責任公司)と呼ばれる中国政府系ファンドだったことが判明しています。

また、中国人による日本の不動産に対する直接投資金額は、「ウォールストリートジャーナル」によれば約2億3000万ドル(約276億円)に達しているようです。最近、私のところにくる不動産の買いニーズも中国系投資家のものが明らかに増えています。国内のオフィスビル、マンション、ホテルなどを買収したいというものです。

また、都内で新しく建設されるタワーマンションは、今や中国人富裕層に圧倒的な人気があります。彼らのお好みはタワーマンションの上層部。高層から東京の街を見下ろすことがお気に入り。実際には自らの子息や友人を住まわせることも多く、東京五輪開催による物件価格の値上がりを期待した投資だといいます。

実際に最近販売されたあるタワーマンションは、購入者の半数以上が中国人だったという物件まで出てきています。デベロッパーもこれに味をしめ、タワーマンション発売の際には自ら上海《シャンハイ》やシンガポールに出向いて現地で販売会を行なうところまで出現しています。日本人よりも、まずは「優良顧客」である中国人が「優先」というわけです。今やタワーマンションの上層階の購入者は、かつての日本人富裕層から、中国人富裕層と相続対策のための高齢者が中心となっているのです。

インバウンドは「ひと」とともに「かね」をもたらします。ひとの交流が増えることは経済が活発化し激しく「かね」も動くようになります。インバウンド恐るべし、です。

第二章

ホテル業界の異変

東京で1万室のホテルが足りない？

東京のホテルが「絶好調」です。

観光庁が発表する「宿泊旅行統計調査」によれば、二〇一四年における東京都内にあるビジネスホテルの平均稼働率は年間を通じて76・4％でした。通常、ホテル業界では客室稼働率が80％を超えると、ほぼ「常時満室」の状態を指します。曜日や季節によって「閑散期」があるビジネスホテル業界では、年間平均で80％の数字というのは、平日は常時「満室」と言ってよい状態を指しています。

また、観光庁は都内の宿泊施設1500ヵ所強を調査対象としていますので、規模の小さな施設や「ビジネス旅館」的なものまでを含んでの数値になっています。したがって東京にやってくる多くのビジネスマンにとって、東京のホテルは以前よりもずいぶん「予約しづらくなった」というのが実感ではないでしょうか。

好調の要因として、アベノミクス効果によるビジネス需要の盛り上がりも一部顕在化していますが、実は多くが「外国人需要」によるものです。

東京の東京駅八重洲口や京橋、日本橋周辺のビジネスホテル。平日の朝、通勤する私たちが目にするのは、ビジネスホテルから大量に吐き出されてくる訪日外国人客です。

以前はこのエリアのビジネスホテルは、東京で仕事をする地方のビジネスマンが主体でしたが、今や「お得意様」はすっかり外国人になっています。

この状況は上野、浅草といった外国人にも馴染《なじ》みのエリアのホテルはもちろん、新宿、渋谷といったターミナル駅周辺のホテルでも同様の現象が生じています。東京五輪の開催は二〇二〇年。五輪開催を前にして東京は、外国人の宿泊ラッシュの状況を呈しています。

こうした中、ホテルの開発関係の仕事を行なう私のところにも、多くの問い合わせをいただいています。その主なものは、

「東京の東部でホテル用地が欲しい。敷地面積は１００坪以上。客室数を最低１００室は確保したい」

「既存のホテルの買収をしたい。客室は１００室以上。オペレーターはそのままでもよい」

といったもので、ホテル会社のみならず不動産会社、投資家、ゼネコン、はたまたホテルとはまったく関係のない事業法人などが、「投資用」としても物件情報を求めてきています。

東京でもとりわけ「城東」地区といわれる山手線の東側のエリアに対してニーズが強いのは、東京五輪の会場が中央区の晴海《はるみ》近辺であること、お台場《だいば》や東京ディズニーリゾート、東京スカイツリーなどの観光スポットの多くが東京の東側にあること、日本の伝統文化が息づく下町の観光地である上野、浅草、あるいは魚市場のある築地（二〇一六年度には豊洲《とよす》に移転を予定）といったエリアが外国人を中心に「好まれる」エリアであるからです。

ところで、この勢いで外国人が日本にやってくると、東京のホテルはどうなってしまうのでしょうか。

実は、訪日外国人客があと1000万人増えると、都内では約1万室のホテル客室が足りなくなると言われています。本当でしょうか。データをもとにシミュレーションしてみましょう。【図表⑤】

図表⑤ 東京におけるホテル客室の新たな需要予測

ホテル客室数	140,000 室
平均稼働率	70.0 %
提供可能率	30.0 %
うち外国人対応可能	40.0 %
提供可能室数	6,132,000 室(年間延室数)

外国人新需要	9,500,000 延べ泊数(2013年実績)
不足泊数	-3,368,000 延べ泊数
1日当り不足客室	-9,227 室
新ホテル平均稼働率	80.0 %
新たなホテル需要	11,534 室

出所：オラガHSC

現在、東京都内でホテル・旅館の客室数は正確な数はわかりませんが約14万室と言われています。稼働率が平均で70%とすれば、空室は30%ということになります。

この空室、すべてが外国人に提供できるわけではありません。小さな旅館やもともと外国人への提供を考慮していない（宣伝もしていない）ホテルが多く含まれますので、仮に空室のうち約4割が外国人の宿泊が可能と考えますと、現在空室の客室のうち1年間に外国人に提供できる客室数（宿泊数）は、

14万室×30%×40%×365日＝613

万2000泊

となります。

二〇一三年、約1036万人の外国人が日本にやって来ていますが、そのうち東京に宿泊した宿泊数は延べで944万8000泊でした（観光庁）。

現状よりさらに1000万人外国人が増加するわけですから新たに約950万泊（延べ泊数）の需要が生じることになります。したがって、宿泊の需給ギャップは、

950万泊−613万2000泊=▲336万8000泊

となります。年間でなんと336万泊もの宿泊提供不足が生じてしまうのです。これは1日あたりに換算すると、

336万8000室÷365日=9227室

となり、１日あたり９２２７室の客室が足りないことを意味します。

新たにこの数だけのホテルを供給しなければならないわけですが、新しく供給するホテルが毎日「満室」とは想定できません。外国人客も、年間を通じて毎日均等に日本を訪れるわけでもありません。仮に稼働率80％を想定して割り戻しますと、

９２２７室÷80％＝１万１５３４室

となります。つまり、訪日外国人がさらに１０００万人増加するということは東京都内にはあと１万室以上のホテルが必要という結論になるのです。ホテル１万室とは１棟２００室のホテルが50棟分ということになります。

すでにこれから東京五輪にかけて、東京都内ではホテル建設ラッシュとなっています。日本経済新聞の調べによれば、すでに東京五輪までに約１万室のホテルが新たに計画されていると言います。需要を先取りした動きと言えます。

こうした事実をもって、やがてホテルの新設は供給過剰になるという意見もあります。特に東京五輪が終了した後にホテルが大不況に陥《おちい》るのは過去の五輪が開催された北京《ペキン》やロンドンでも同様に見られた現象であるので、この点を危惧《きぐ》する声が起こるのも当然です。

ただ、向こう5年から10年という時間軸で考えるならば、既存の老朽化したホテルや旅館などで今後、事業承継ができず、また相続等で「廃業」していくところも一定数生じてくることが予想されます。

都内の多くのホテルが高度成長期の頃に開業したものが多く、オーナーの代替わりが迫っているのです。こうした「新陳代謝」分を考慮しなければならないこと、また訪日外国人客数が、政府の目標である東京五輪開催時（二〇二〇年）2000万人をはるかに超えるスピードで増加し、二〇三〇年の政府目標である3000万人に達成することが現実味を増してきていることを鑑《かんが》みると、さらにあと1万室程度がマーケットに新たに供給されてもその数を十分吸収できる範囲ではないかと考えられます。

ホテルラッシュの東京に外国人が溢れかえる。ちょっとコスモポリタンな東京の姿が未来に見えてきます。

旭川のホテルが予約できない！

東京のホテルが訪日外国人でいっぱいという話は、日本の中心が東京であるがゆえに「わかりやすい」話かもしれません。しかし、「北海道の旭川市が空前の外国人ブーム」と言われると何のことやらわからない人が多いと思います。

次の表【図表⑥－①】は旭川市を訪れる外国人宿泊者数の推移です。二〇一一（平成二三）年度にその数は2万5000人程度であったものが、わずか3年後の二〇一四年には約2・43倍の8万6200人にまで膨れ上がったのです（北海道上川《かみかわ》総合振興局）。

市内のホテルはどこも大盛況。夏のバカンスシーズンなどになるとホテルは予約でいっぱいです。いつもならほとんど客のいない厳冬期でも「雪を一目見たい」といった台湾を中心とした訪日外国人客が引きも切らず、夜間の市内中心部には旭川ラーメ

図表⑥－① 旭川市訪日外国人宿泊者数（単位：人）

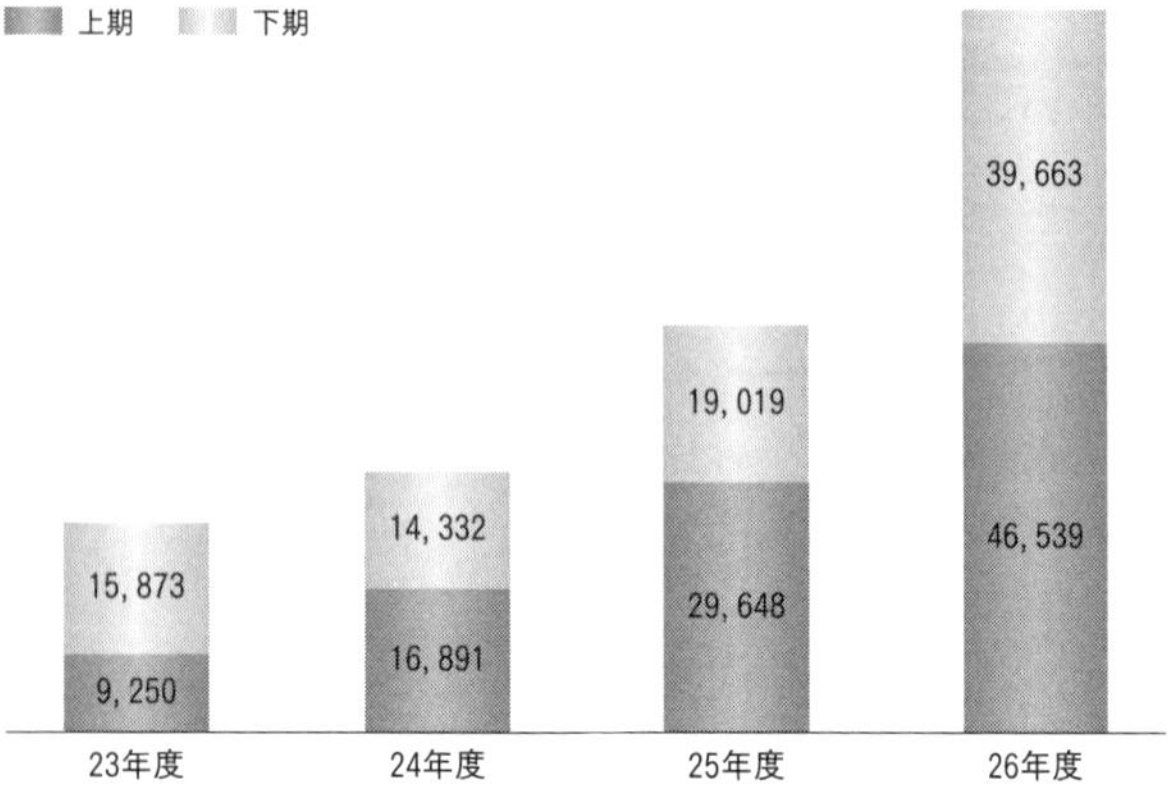

出所：上川総合振興局

図表⑥－② 上川町訪日外国人宿泊者数（単位：人）

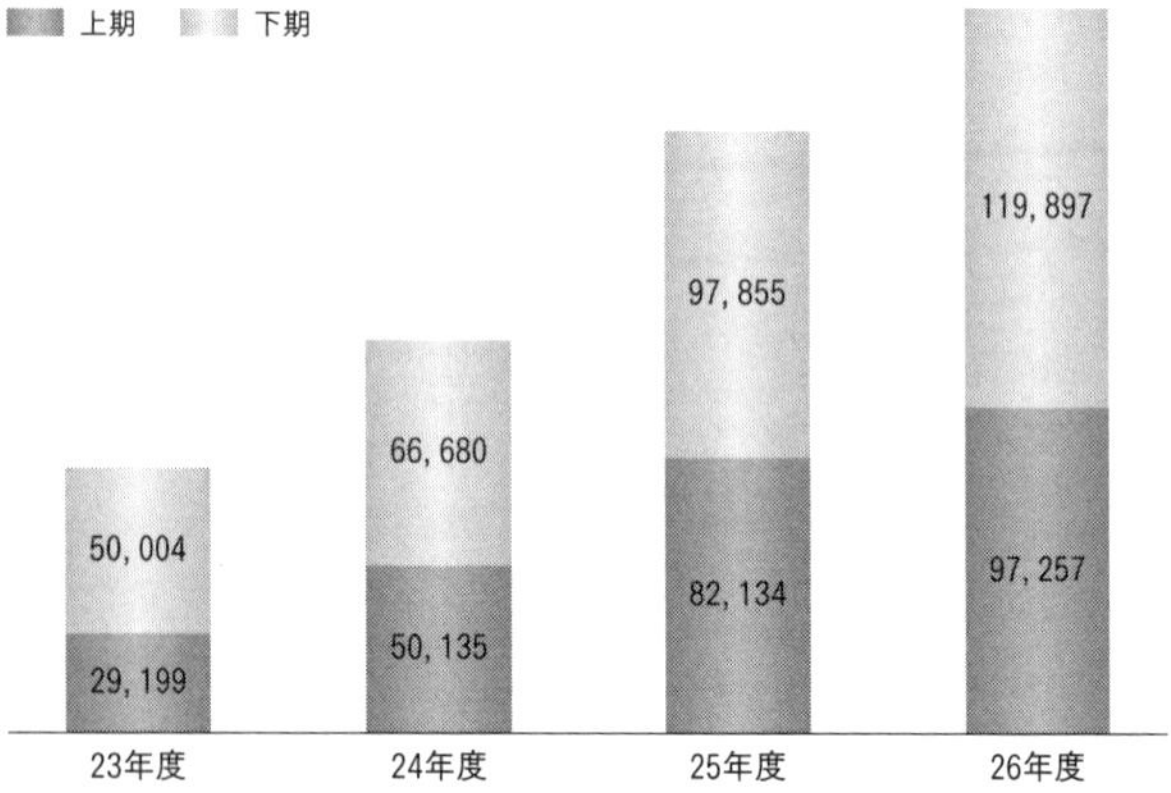

出所：上川総合振興局

ンを食する訪日外国人客で目抜き通りはごったがえす有り様です。

層雲峡《そううんきょう》などの温泉観光地を抱える上川町でも、外国人宿泊客はうなぎ上りです。二〇一四年度は3年前の2・74倍の約21万7０００人を集めるまでにその数を増やし続けています。【図表⑥－②】

層雲峡は日本人の観光客も多く、全国でも知名度のある観光地の一つですが、旭川市については、宿泊するのはおもにビジネス客。日本人観光客の多くは札幌市内に宿泊するのが一般的です。ところが、旭川市内のこの盛況ぶりの原因は何でしょうか。
外国人を集める玄関は、地元の旭川空港でした。旭川空港は積極的に、台湾をはじめ東アジア各国の飛行機を受け入れています。【図表⑦】
二〇一四年度では台湾から４８６便９万８３５４人、中国から３８４便４万５１６6人、韓国から72便1万１０５３人、計９４７便15万５９５９人の外国人をお迎えしているのです。
旭川空港に降り立った訪日外国人客は、お目当ての層雲峡観光や札幌市内に向かう人もいますが、旭川市内にも宿泊し、旭山動物園でペンギンと戯《たわむ》れたり、旭川ラー

図表⑦ 旭川空港国際便数推移

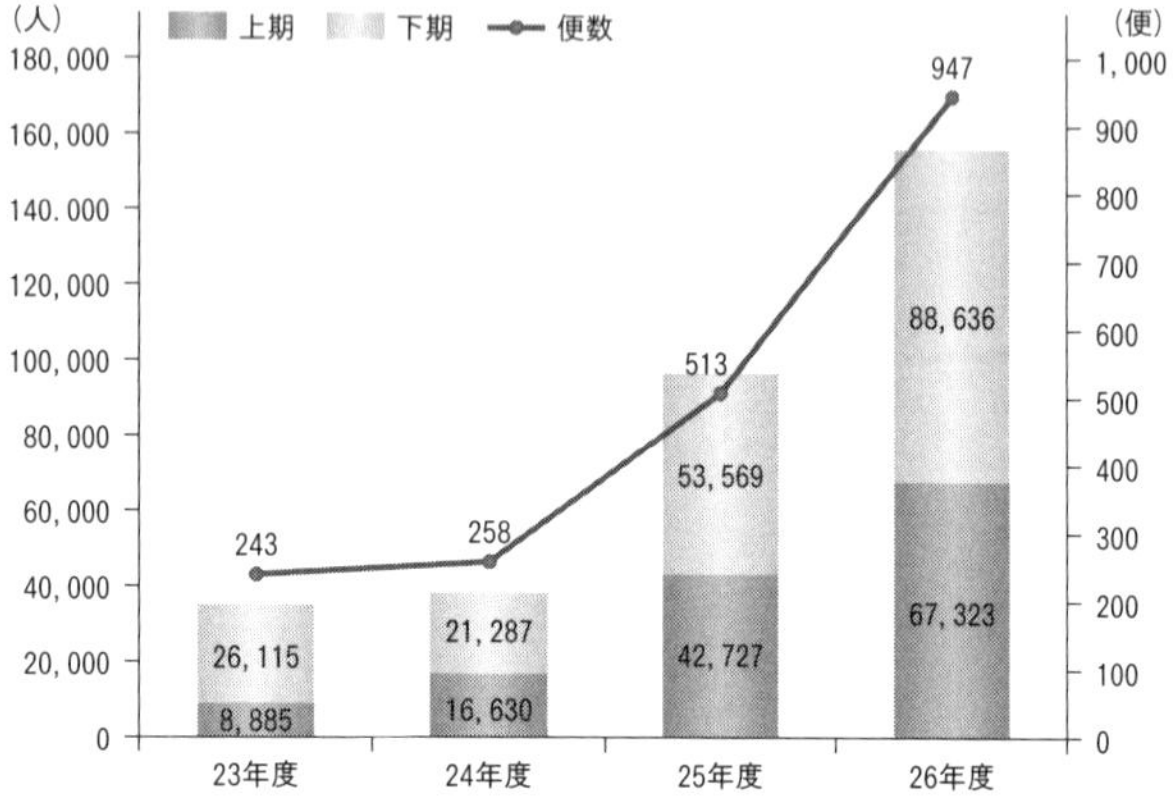

出所：上川総合振興局

メンに舌鼓を打つ、冬季には自国では経験できない「雪」に触れるなど、外国人にとっては旭川市は観光要素には事欠かない街なのでした。

日本国内ではどちらかというと「観光」の街という印象が薄い旭川市ですが、地元空港を「玄関口」として訪日外国人客を呼び寄せる「仕掛け」を自ら積極的に行なっているのです。

日本に大量にやってくる訪日外国人の恩恵は、このような場所にも及んでいるのです。

大阪の大復活

二〇一四（平成二六）年、日本で一番ホテルが好調だったエリアはどこでしょうか。実は大阪府でした。観光庁の「宿泊旅行統計調査」によれば二〇一四年のホテル稼働率において大阪府はビジネスホテルで81・3％、シティホテルで80・3％と、両部門とも全国1位の数値を叩き出しました。

稼働率が80％を超えるということは、先述しましたように、ほぼ「常時満室」状態ということです。

先日、大阪に支店があり月に2、3回は東京、大阪を往復している私の友人が驚いたような顔で私に言いました。

「おいおい、大阪ってどうなっているんだよ。このまえ、急な出張で大阪市内に泊まることになったんだが、夜中にネットで宿泊先ホテルの検索をしたらまったくどこも空《あ》きがないんだよ。びっくりしたよ」

これは、今の大阪ではけっして珍しいことではありません。ビジネスホテルは平日では火曜日から木曜日頃が最も稼働率が上がりますが、件《くだん》の友人が予約を入れたのは金曜日。今まででであれば、ビジネスの出張で宿泊する客は少なく、市内のホテルには余裕があるはずなのですが、この始末です。大阪出張には「慣れている」はずの友人も往生したらしいのです。

「リッツ・カールトンとかセントレジスホテルなら空いていたかもしれないけど、あんなにお高いところはサラリーマンには無理やね。かといってカプセルホテルもいっぱいだぜ。しかたないから、24時間営業のファミレスのお世話になったよ」

大阪市内のホテルがこうした活況状態になったのはここ2、3年の話です。数年前までの大阪においては、ホテルはどこも閑古鳥。ビジネス需要は落ち込み、これといった観光要素も見当たらない大阪は、ホテル開発業者から見ても「魅力のない」街でした。

宿泊料がそこそこのビジネスホテルでも、1泊素泊まりなら5000円を切ることも少なくなく、いつも市内にはたくさんの空室があるので、大阪出張の際にはなるべく事前に予約せずに、夜の9時を回る頃、各ホテルが一気に値段を下げて「バーゲンセール」に走るのを待ってからネットで予約するというのが、旅慣れたビジネスマンの技だったのです。

ところが、大阪のホテルを蘇《よみがえ》らせたのも、実は訪日外国人客でした。

中国人観光客の日本ツアーには「ゴールデンルート」と呼ばれる東京→京都→大阪を巡るルートがあります。これは東京起点のものと、大阪であれば関西国際空港に降り立ち、大阪を起点とするものの2通りがあります。

以前のような「弾丸ツアー」と称してこのルートを2泊3日で駆け抜けるような企画は減り、かわって個人旅行でこのルートを楽しむような旅行客が増えるにしたがって、大阪に滞在して大阪を楽しむ層が増えていったのです。

ユニバーサル・スタジオ・ジャパン（ＵＳＪ）は開業当初こそ、売り上げが伸びずに苦戦しましたが、経営主体が替わったことと、二〇一四年度には「ハリー・ポッター効果」と呼ばれるような新しいアトラクションの開業で集客は飛躍的に上昇。入場客は二〇一四年で1270万人に上りました。特にアジアからの観光客がこの数字を支えたようです。

その結果、ＵＳＪ周辺に展開する4つのホテルの稼働率は軒並み80％を超え、宿泊単価は急上昇、これらのホテルに宿泊できなかった層が大量に市内の別のエリアのホテルになだれ込む構図となりました。

また京都が訪日外国人客の増加でホテルの予約が難しくなり、ここから溢れ出た顧客も大阪市内のホテルに流入。市内の観光施設も、大阪城が民間運営となってから「大坂の陣400年天下一祭」など数々のイベントで集客を増やす、USJの向かいのひらかたパークというレジャーランドがUSJから観光船で向かえるということで復活、高さ300メートル、日本一の超高層ビル、「あべのハルカス」の開業など、大阪市は外国人を含めた多くの観光客を集めることに成功したのでした。

さらに大阪は、なんといっても「食」の街。たこ焼き、お好み焼きは外国人にも馴染みやすく、お値段も手頃。道頓堀を歩く人たちの会話が日本語でなくなったのは、大阪の「食」を楽しむ外国人客がこのエリアに押し寄せたからです。

そして最後は買い物。電化製品、化粧品、食品、菓子、薬品、健康サプリメントなどは大人気です。大阪商人も外国人客の購買パワーに着目しました。あの手この手で外国人を引き寄せます。

私の知り合いで、大阪でホテルを経営する会社の社長がいらっしゃいます。この会社にとってホテルは「副業」。4、5年前、私はこの社長から「ちっとも儲《もう》からない」自社のホテルを売却するのはどうだろうかという相談を持ちかけられました。

ホテルは立地は抜群ですが、築年数も経過して建物の老朽化も目立つ。取り壊して建替えをしてもおそらく投資金額に対する収益が釣り合わない、ということで私も売却をお勧めしたのですが、当時は大阪のホテルに興味を示す投資家は皆無でした。ホテルを解体してオフィスにする案も考えたのですが、オフィス市況も不透明。結局そのまま売却計画は延び延びになってしまいました。

ところがここにきて、大阪のホテルは大盛況。

先日久しぶりに社長にお会いしたので私が、

「ホテルの状況、どうでっか？」

とお聞きしたところ、社長は相好《そうごう》を崩されて、

「いやあ、人生何があるかわからんなあ。ほんま、売らんといてよかったわ」

今では私のところには数多くの投資家の方々が、

「牧野さん、大阪に良いホテル案件ありませんかねえ」

と訪ねてきます。

「いやあ、ぜんぜんありませんよ。出てきてもすごい値段でしょうなあ」

大阪のホテル「大復活」です。

溢れかえる京都

日本の代表的な観光地といえば、誰しもが思い浮かべるのが京都です。京都はどのような状況になっているのでしょうか。

次の表【図表⑧】は京都市内における観光客数および観光消費額の推移を追ったものです。観光統計調査は二〇一一年に観光入込客数の定義を変更したために、特に京都では観光統計が発表されないという事態となり、正確な数値が存在しません。

しかし新たな指標で計測した二〇一四年の数値で観光客数は5564万人となり、観光消費額は7622億円を記録、京都観光の「絶好調」ぶりを見せつけました。

中でも注目されるのが、市内での宿泊者数に占める外国人宿泊者の伸びです。【図

図表⑧ 京都市観光客数、観光消費推移

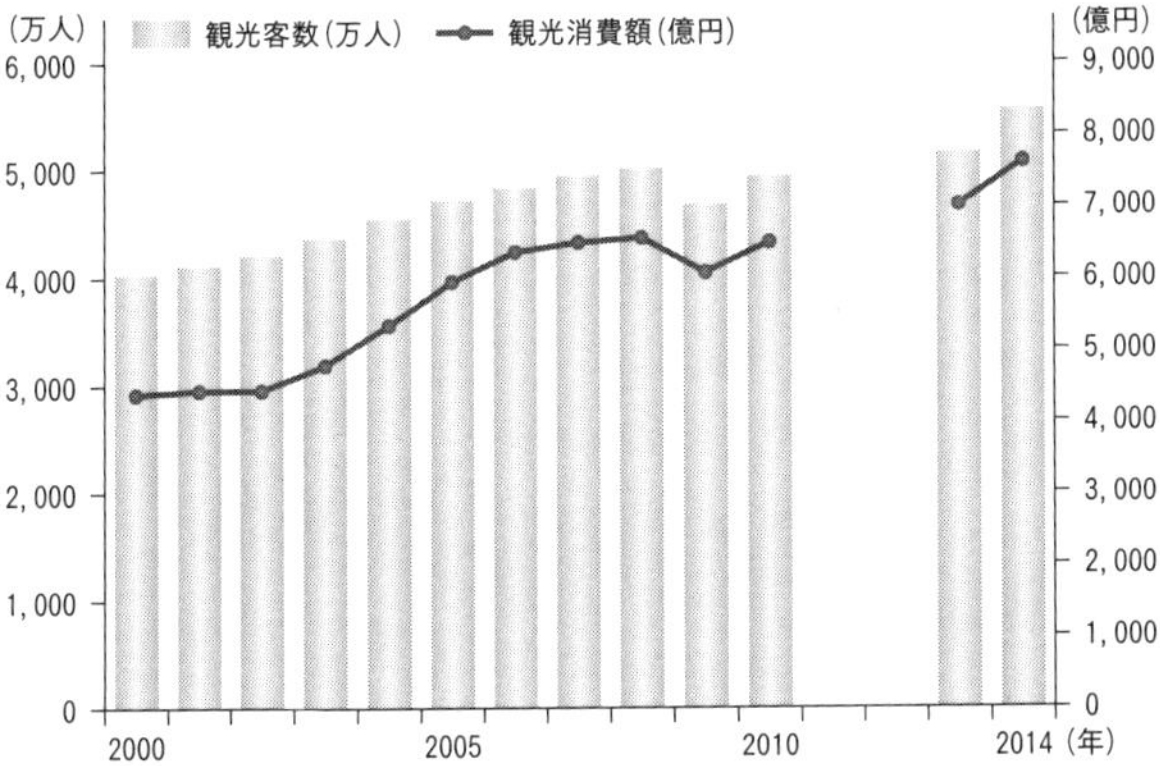

注)2011年および2012年は調査方法が変更となり、データが発表されなかった

出所：京都市「京都観光総合調査」

表⑨】外国人宿泊者数は二〇〇〇年では39万人強にすぎなかったのが、二〇一四年では１８３万人と約４・６倍の伸びを示しています。宿泊者数全体の伸び率42・３％と比べても外国人の伸長の著しさが確認できます。

以前から京都といえば修学旅行のメッカと言われました。私自身、三井ガーデンホテルに勤務していた時代（二〇〇二年頃）、京都の修学旅行需要は常に年間１００万人が見込め、定期的に予約をいただける学校は大変ありがたいお客様でした。

最近の修学旅行関連需要はどうでしょうか。

図表⑨ 京都市内宿泊者数と外国人宿泊者数推移

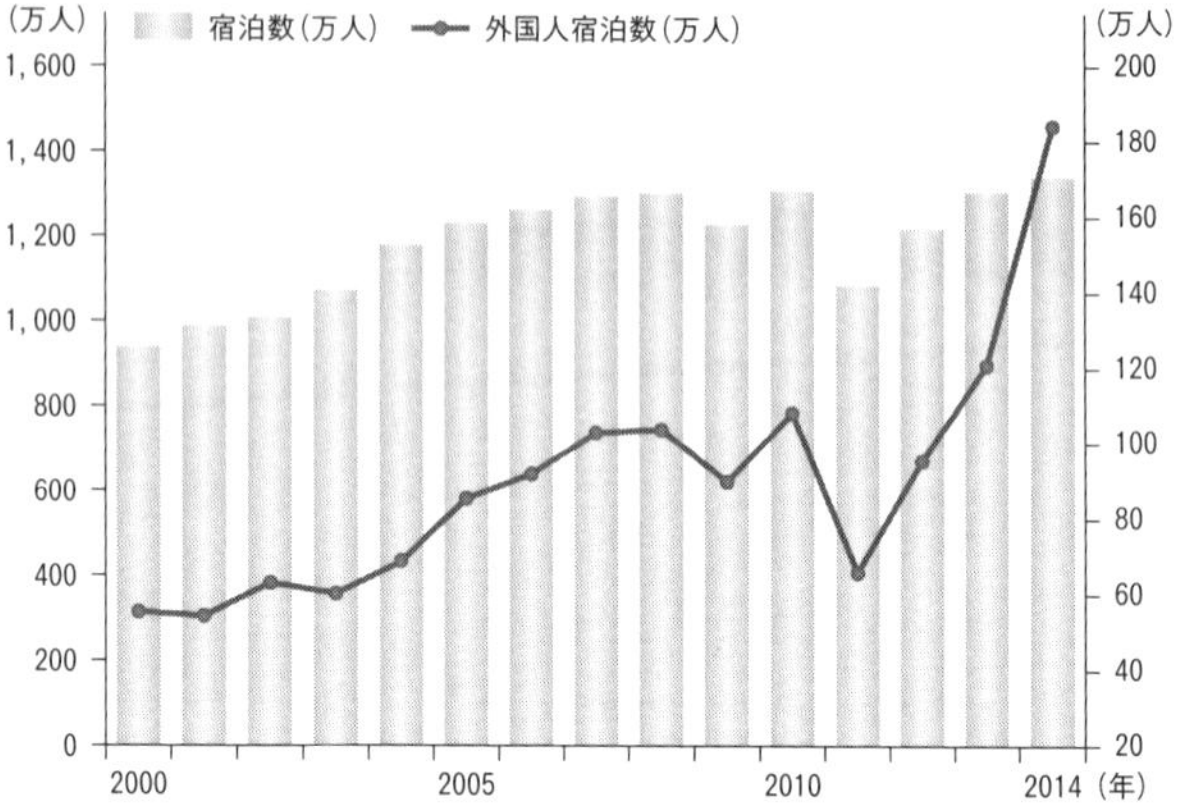

出所：京都市「京都観光総合調査」

二〇一四年における修学旅行人数は年間110万人。生徒数が減少を続ける中で、京都は健闘しているといえるでしょう。しかし、外国人宿泊者数がついに100万人の大台をはるかに超えて183万人。子供の数がどんどん減少を続ける中、修学旅行の生徒数が増加することは今後あまり期待できません。これからは修学旅行生よりも外国人が京都のホテルにとっては「ありがたいお客様」になっていくかもしれません。

二〇一四年、大幅な伸びを見せる京都における訪日外国人客ですが、その宿泊の状況に迫ったデータがあります。

「京都文化交流コンベンションビューロー」という公益財団法人が、京都市内25のホテルの協力を得て月別、国籍別の外国人宿泊者の状況調査を行なったものです。調査対象のホテル25施設で客室数は７６１７室。市内のホテル客室数の約４割をカバーしています。

この調査結果によれば二〇一四年度のホテル稼働率は年度平均で87・５％、うち外国人の比率は30・２％でした。前年度と比較して外国人の宿泊者数は56万６０００人から76万４０００人に約20万人の増加、増加率で34・８％にも及んでいます。前年度の外国人比率は24・８％ですから大幅な増加といえるでしょう。

この外国人の勢いに押されて国内宿泊者は４万人（約２％）ほど減少、おそらくこうしてはみ出した国内旅行およびビジネス客の一部は、大阪や神戸などのホテル稼働率を押し上げる一因となったのかもしれません。

京都を訪れる訪日外国人客はもともと、西洋人の割合が高いといわれてきました。【図表⑩】実際に二〇一三年の数値でも、北米やヨーロッパからのお客様が多いことがうかがえます。しかし、二〇一四年度の外国人宿泊者数では中国や香港、台湾、韓国などアジア地域で高い伸びを見せ、市内の外国人宿泊者の半分を超えるまでになっています。

京都における外国人フィーバーは今後も続くものと予想されます。以前は京都といえば、盆地という地形上の問題から夏は蒸し暑く、冬は底冷えがひどく、春や秋などの季節の良いときに観光に出かける、そんな街でした。

ところが今や、春夏秋冬、通年で観光客が溢れかえる「世界の観光都市」になりました。一九九三年、JR東海が仕掛けたテレビCM「そうだ　京都、行こう」は京都の四季をテレビコマーシャルやポスターなどで鮮やかに映し出すことで、日本人に「修学旅行」だけでない観光地、京都をアピールすることに成功したと言われています。

しかし、今では「そうだ　京都、行こう」と思いついても「あらら、宿がない！」という、何やら笑えない状況になっているのです。

図表⑩ 京都市宿泊外国人割合（2013年、2014年）

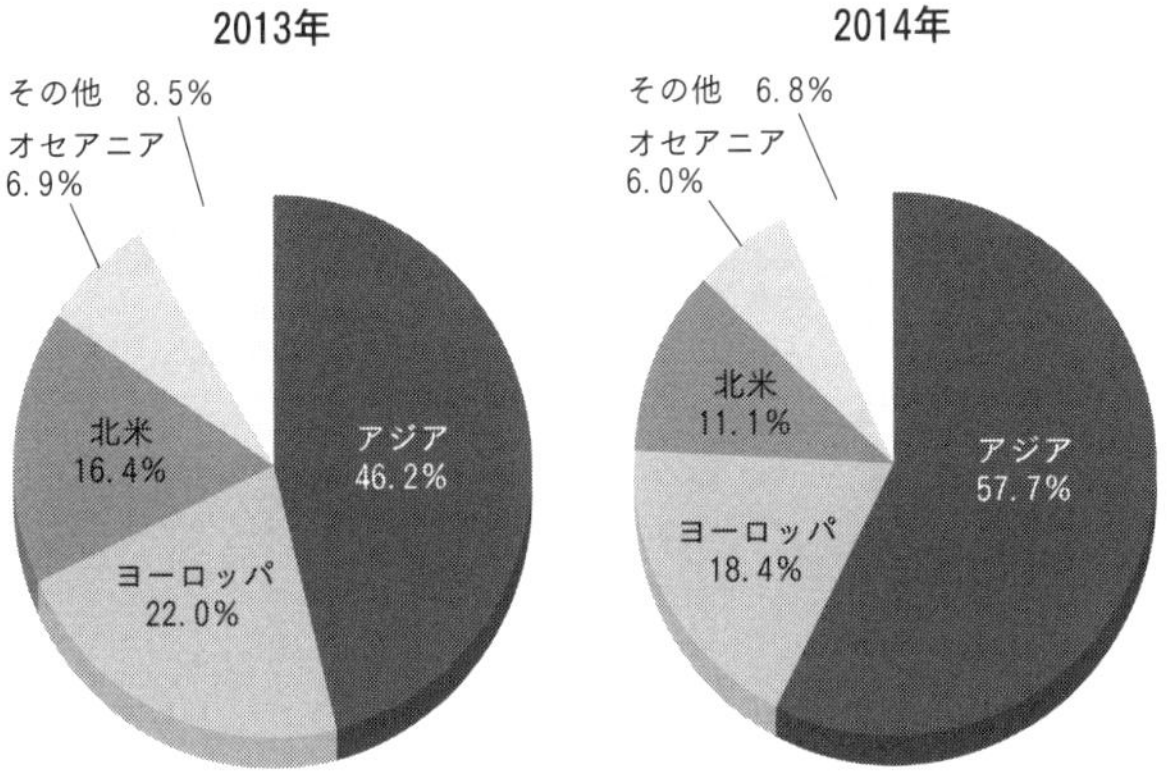

出所：京都市「京都観光総合調査」

定着する外資系ホテル

日本に高級ブランドとしての「外資系ホテル」がやって来たのは、平成バブル真っ盛りの一九九二（平成四）年でした。「フォーシーズンズホテル椿山荘東京」の開業です。カナダに本拠を置く世界的なホテルチェーンであるフォーシーズンズホテルズ・アンド・リゾーツが同社初の出店として、藤田観光グループと提携して開業しました。このホテルはバブル景気で沸く日本では熱烈に歓迎されました。場所も東京の目白にある椿山荘に隣接。椿山荘には美しい日本庭園があり、梅雨時にはホタルが園内を舞い、秋には素晴らしい紅葉が見られるとあって、外国人宿泊客にも大変好評でした（現在は提携関係を解消し、ホテル椿山荘東京として運営）。

さらに一九九四年になると、七月に新宿の新宿中央公園近くに「パークハイアット東京」が、十月には恵比寿に「ウェスティンホテル東京」が相次いで開業しました。

これら外資系ホテルの進出は当時、今までの国内高級ホテルの御三家（オークラ、帝国、ニューオータニ）の呼び名から新たに「新御三家」と呼ばれるようになりましたが、外資系ホテル進出のいわば「第一世代」とも呼べるものでした。

続く第二世代は二〇〇五年から二〇〇七年にかけての「ファンドバブル」とも言われたプチバブル時代に日本に進出をしたマンダリンオリエンタル、リッツカールトン、ペニンシュラといったブランドのホテルでした。これらのホテルは第一世代の日本での成功を見て、日本の大手デベロッパーが東京都心で建設する超高層ビルの上層部などに自ら賃借をして開業するスタイルをとりました。第一世代の多くが、建物を賃借せずに、現地、つまり日本で運営会社を設立してもらい、その運営会社にブランド名を冠した「看板」を掲げることを認めるほか、総支配人等の経営スタッフを派遣することで経営ノウハウを伝授するスタイル（MC：マネジメントコントラクト方式）であったものから一歩進んで、自らが「経営リスク」をとる「賃借」という形態で進出するものでした。

日本はリスクを賭けても十分利益が見込めるマーケットだと、外資系高級ブランドが認知し始めた兆《きざ》しといえたのです。

現在は、外資系ホテル進出のいわば第三世代ともいえるものです。

東京五輪の二〇二〇年開催を受けて、東京では新たにマリオット、アンダーズ、アマンなどのブランドが進出。都内では高級外資系ホテルがほぼ「そろい踏み」した状態になっています。

東京だけでなく、長らく外資系ホテルが少ないと言われてきた京都でも、外資系ホテルの進出ラッシュです。二〇一四年には京都の二条通、鴨川にかかる二条大橋沿いに「ザ・リッツ・カールトン京都」がオープン。リッツカールトンはすでに東京、大阪で展開しており、これが国内3番目のホテル。すでに日本人にも「お馴染み」のブランドといえましょう。

また、二〇一五年には嵐山渡月橋《とげつきょう》そばのホテル嵐亭《らんてい》跡地に、スターウッド・ホテル&リゾートが展開する最高級ブランド「ザ・ラグジュアリー・コレクション」が、二〇一六年には東山に「フォーシーズンズホテル京都」が、そして二〇一六年頃には京都の奥座敷である「鷹峯町《たかがみねちょう》アマンリゾーツ」がそれぞれオープンするなど、京都でも外資系ホテルは大変な進出ラッシュとなっています。

外資系ホテルが日本にやってくる最大の動機は、外国人のビジネスマンおよび観光客のニーズが見込まれるからです。平成バブルおよびその後のファンドバブルといわれた時代は、日本の経済がグローバル化し、外国人ビジネスマンが多く日本にやってくるようになりました。そうであるのに、外国人が安心して宿泊できる高級ブランドが日本にはないという「ニーズ」を捉えてのものでした。

今回の第三世代の動きは、これまでの世代とはやや様相を異にしています。つまり、日本のマーケットがより「成熟化」していると、外資系ホテルは見ているのです。つまり、従来の外国人ビジネスマンだけでなく、大量の訪日外国人客の存在です。日本人にもすでに外資系ホテルブランドは認知されるようになり、日本人も気軽に利用するようになる中、今度は日本を訪れる外国人も今までの「欧米系」オンリーから変わり、中国や台湾、香港あるいはＡＳＥＡＮといったエリアから日本を訪れる富裕層をもターゲットにできると考えて、新たなる展開を始めているのです。

またホテルの用途も「ビジネス」オンリーではなく、アンダーズのように、少し若い年齢層の芸術家や自由業の顧客像を狙うもの、アジアのリゾート地に展開をするアマンのような、リゾート感覚を前面に出したホテルを東京のど真ん中の大手町に開業するなどの動きも、日本がさまざまなカテゴリーのホテルが成立するマーケットであることを裏づけています。

さらに、日本を訪れる外国人は今までのような東京や大阪だけでなく、国内の主要な観光地も訪れるようになっています。その流れを受けて地方への展開も始まっています。二〇一一年には広島の広島駅北口再開発ビルにシェラトンホテルが開業したことは、おそらくこうした流れを受けての事例と推察されます。

最近では、外資系ホテルでもリッツカールトンのような大型ラグジュアリーホテルではなく、ニューヨークやサンフランシスコにあるようなプチホテル、デザインホテルなどの進出用地を物色する動きも出てきています。

もはや日本は、普通に外国人が歩き回り生活する立派なグローバル国家であることを、これらの外資系ホテルの展開が物語っているのです。

箱根、鬼怒川《きぬがわ》を狙う中国人投資家マネー

東京、大阪から地方の拠点都市へと外資系ホテルがオープンするのは日本中を旅行する訪日外国人客の「後追い」だと言いました。

一方で、日本の不動産に投資するマネー（インバウンドマネー）は都内の不動産ばかりでなく、日本で古くからある温泉地にもその目を向け始めています。

日光鬼怒川という温泉地があります。以前は多くの観光客でにぎわったエリアでしたが、観光客の減少に歯止めがきかず、この10年ほどの間にも観光客は2割も減少。二〇一一年に生じた東日本大震災と、震災を原因とした放射能問題などの風評被害も手伝って、多くのホテルや旅館が廃業を余儀なくされていきました。

今、この日光鬼怒川の温泉地に、新たな観光客の声が響き始めています。

中国人の方々です。鬼怒川温泉は東京の浅草駅から東武鉄道の特急列車を利用すれば約2時間で到着する首都圏有数の温泉地です。浅草を訪れた中国人観光客は手近な温泉地として鬼怒川温泉に向かいます。

そんな利便性に目をつけたのが、中国人投資家たちです。彼らは鬼怒川温泉地内の廃業したホテルや旅館を買収して中国人観光客向けに改修、新たな商売を始めたのです。

平成初期の平成バブル時には一棟100億円から200億円もしたような施設を、わずか2億円から3億円程度で取得。内装リニューアルを施しても十分採算が合うというわけです。

今は、中国人投資家が買収し、リニューアルした旅館に大量の中国人観光客が押し寄せる、そんな景観が地元では珍しくなくなっています。かつては温泉に入って地元のお酒とおいしい料理（和食）に舌鼓を打ったのが、これからは「温泉行くなら紹興酒に中華料理あるね」になってしまうかもしれません。

東京から近い温泉地といえば、もう一ヵ所「箱根」があります。中国人投資家の視線は今、この箱根にも注《そそ》がれています。新宿から小田急電鉄の特急ロマンスカーに乗れば、箱根湯本までわずか1時間半です。同じく新宿で観光をした中国人がそのまま温泉を楽しむために足を延ばせる格好の温泉地が箱根なのです。

私のもとには、現在箱根で売却に出ているホテルや旅館、あるいは企業の保養所がないか、といった多くの問い合わせをいただいています。

特に、富士山が見える立地は垂涎《すいぜん》の的《まと》。

「温泉に入って富士山を眺めることができる案件なら金額はいくらでもいい」

といった買いニーズもいただきますが、実際に箱根から富士山が拝める場所はほとんどありません。箱根は外輪山に囲まれ、伊豆半島の西側のように真正面から富士山を拝むことが難しいのです。

それでも多くの中国人投資家が物色するのは、温泉付きのホテルや旅館です。以前は多くの保養所が景気悪化とそれに伴う企業のリストラクチャリングで売却に出ていましたが、今は景気低迷が一段落。保養所の売却は少なくなり、また訪日外国人客が増加する中、息を吹き返す旅館も出始め、価格は上昇傾向です。

では、この中国人を中心とした投資マネーが、厳しい局面を迎えていた日本の温泉地を救う「救世主」となるのでしょうか。

お金に「色」はありません。箱根はまだしも近年鬼怒川温泉の一部エリアでは廃業あるいは倒産したホテルや旅館がそのまま放置され、まるで廃墟の状態にあり、地元でも治安の問題や防災上からも社会問題化していました。

そんな施設を買い取って、お客様は中国人であっても建物を再生して再び運用していただけるのですから、そのこと自体はありがたいことでもありましょう。お客様が来ることで少しでも地元にお金が落ちることとなれば地域経済にも一定の経済効果は期待できるというものです。

しかし、一方で地域内のホテルや旅館を買収した中国人投資家が本当に腰を入れていつまで経営を続けてくれるか、という不安も残ります。投資家はしょせん、「投資」が目的であるからです。

「投資」ということは、「利益」が確定すれば売却してしまいます。「投資」という行動にはまず、「投資する」という「入口」があります。そして「運用」して想定通りの成績を上げ、最後の「出口」において「売却する」ことによって投資は完遂することになります。

せっかく新しいお客様が来て多少なりとも町が潤《うるお》ったとしても、また売却して所有者がいなくなってしまえば再び誰もいなくなった寂しい町に逆戻りしてしまうのではないか、という懸念は残ります。

事実、中国と日本は政治上あるいは外交上は不安定な関係にあります。投資マネーは国際情勢や世界経済の動向にも敏感です。ダメだと判断すれば「逃げ足」も速いのが、彼らです。

経営の厳しくなった旅館ホテル業界の「真の救世主」であるかは、やや疑問かもしれません。しかし、投資家という存在は必ずしもテレビドラマに出てくる「悪者」のイメージだけで語られるものでもありません。

なぜなら、彼らが「出口」として売却するためには、また新しい投資家なり事業家を連れてこなければならないからです。中国がダメでもまた違うよその国からのマネーが入り、地域に新たな活力を生み出してくれるのならば、外国人マネーは日本の地域再生にはありがたいカンフル剤にもなりうるものなのかもしれません。

続々参入する異業種

訪日外国人客の激増によって、ホテル業界は「わが世の春」です。しかし、隣りの芝生が「青い」と思えば当然隣りの庭から侵入してくる者が出てくるのが、ビジネス社会の鉄則です。

今、日本のホテル業界には異業種からの参入が相次いでいます。

ホテル関係のコンサルティングビジネスを行なう私のところにも、

「ホテルというものをやってみんとするなり」

とホテル業には今まで進出してこなかったデベロッパーやゼネコン、ファンド運用会社（この人たちは以前「ハゲタカ」などと言われました）、あるいはまったく業種の異なる一般事業法人などからも問い合わせが相次いでいます。

また既存のホテルからの問い合わせも数多くいただいています。意外なことに既存のホテル関係者からいただく質問や依頼は次のようなものです。

「ガイジン、ガイジンっていうけど、いったいどうやったら彼らはウチのホテルに来てくれるのかな」

こうした問い合わせが多くなったのは、日本のホテル業界にとって「今まで」のお客様と「これから」のお客様のプロフィールがまったく異なっているために、対象にどのようにアプローチしたらよいのかがわからないことを物語っているのです。

今までのホテルでは、お客様とは、一部のお得意様と旅行会社が「連れて来て」くれるお客様のことでした。ネットの発達によって、一部の優良なお客様が「より良い条件」のホテルに流れてしまい、また観光客などは旅行会社を経由せずにネットで直接予約してくるお客様が中心となりました。

さて、新しい顧客像である「ガイジン」さんはどこからやってくるのでしょうか。多くのホテルオーナー様で「勘違い」をされるのが、ガイジンさんは今までの観光客のように旅行会社が連れて来てくれると思っていることです。

もちろん、旅行会社が連れてくるお客様に訪日外国人客も含まれますが、実は彼らが連れてくる外国人のお客様は自社が提携している外国の旅行会社が紹介してくれるお客様にすぎません。

あたりまえですが、日本人が海外旅行を手配するときに直接現地の旅行会社に予約しないのと同様に、外国人が日本を訪れる際、予約を入れるのは地元の旅行会社となります。

したがって外国の旅行会社に対するルートがないと、「ガイジン」の予約を取ることはできないことになります。国内の旅行会社だけに頼っていてはいっこうに訪日外国人客は現われないのです。

一方で外国人を獲得するもう一つの有力な手段が「ネット」です。ところが多くのホテルや旅館のホームページが日本語のみで構成され、外国語（英語、中国語等）の対応が十分ではありません。「言葉」での情報伝達ができないのでは、外国のネット予約業者を含めて、訪日外国人客の目に自らのホテルの名前が届くことは永久にないのです。これでは待てど暮らせど訪日外国人客はやって来てはくれません。

面白いことに外国人客が激増する中で、この「金城湯池」のお客様を取り込むためには、既存のホテルも実はあまり「強者」ではないということになります。

競争のルールが違うとでも申しましょうか、新しいお客様を取るには実はこれまでとは異なる「異業種」の考え方で勝利を勝ち取ることができるかもしれないのです。

今増え続けている訪日外国人客は、異業種からの参入の大チャンスでもあるのです。

また、一口に外国人といっても富裕層の旅行者もいれば、バックパッカーのような一人旅を楽しむ人もいます。若い方、女性、高齢者もいます。それぞれのカテゴリーを丁寧に取り込んでいく必要が出てきます。

ラグジュアリーなカテゴリーのホテルは難しくとも、バックパッカーなどの「泊まるだけ」といった訪日外国人客が相手であれば、ホテルに対する想いや常識が強すぎる既存ホテルよりも、外国人が好むサービスを徹底的に追求できる参入者のほうがポジションを取る可能性もあるのです。

これから二〇二〇年の東京五輪を控え、ますます訪日外国人客を相手としたホテル業界には参入者が引きも切らないことになりそうです。

宿泊は「システム産業」へ

ホテルは、「宿泊」という機能に限定して考えると、実はかなり「単純」な業界です。以前は宿泊客の獲得は旅行業者次第であり、宿泊担当の支配人はいかに旅行会社の職員と「仲良く」なるかが宿泊営業の基本と言われました。

ところが現代はネット社会。お客様は旅行会社を経由せず、ましてや電話をかけてくることもなく、ネットを通じて「ポン」と予約をしてきます。今までのように足しげく旅行会社に顔を出しても、そこにはお客様は少なく、ネットの画面でやってくるお客様をいかに効率的に予約システムの中に取り込んでいくのかが、宿泊担当者の仕事ということになります。

ホテルの宿泊予約はかぎりなく「システム産業」化しているのです。ホテルは客室数が有限なので、１００室のホテルであれば１００室以上を販売することはできません。

したがって、その日の「有限」である客室をいかに効率的に「高い料金」で「満室」にすることができるかが、担当者の腕の見せ所ともなります。飛行機の座席予約に近い発想が求められると言い換えてもよいかもしれません。

最近ではこうした宿泊予約業務はほとんどがコンピューターによって管理されるようになっています。ホテルを取り巻く環境は実にさまざま。季節や曜日による変動だけでなく、天候やイベントなども宿泊予約には大いに影響を与えます。そこでこれらの変動要素をすべてシステムに取り込んで、宿泊料金を決定し、その事前計画のもとで予約を取っていくことになります。こうした手法を業界ではレベニューマネジメントと言います。一日あたりの収益を最大化するためのマネジメントシステムというわけです。

このレベニューマネジメントは、別の言い方をすればトレーダーに近い仕事と言ってもよいかもしれません。

トレーダーは、一日を株式や債券の売買を繰り返して売却益を計上していきます。しかし彼らが活躍できるのは一日の間でマーケットがオープンしている間だけ。「場」が終われば手仕舞いということになります。

ホテルも同じです。その日が終われば空室部分には売り上げは計上されません。したがって一日が終了すれば、その日はこれでご破算なのです。

訪日外国人客の宿泊予約はその多くがネット経由で入ってきます。したがってホテルとしてはいかに外国の旅行会社とのコンタクトを取るかということと、ネット予約で個人旅行客をどれだけ取り込めるかということになります。

世界マーケットでは、「アゴラ」のような世界中のホテルが予約できるネット予約サイトであるとか、「エクスペディア」といった格安航空券まで含めて世界中のホテルの予約手配をする大手旅行会社があります。そうしたルート先との関係を構築することで訪日外国人客とのアクセスが可能となってきます。

これら訪日外国人客を取り込む最大のメリットは、国内客と比べて圧倒的に「キャンセルが少ない」ということです。皆さんも、海外旅行をキャンセルするのは「よほどの事態が生じた」ときに限られるでしょう。同様に、訪日外国人客も日本を訪ねることをとても楽しみにしているのです。そうした意味では訪日外国人客はキャンセルの少ない「優良顧客」ともいえるのです。

一方で外国人団体ツアー客はどうしても航空券とのセット販売が主体となるため、

宿泊料金が安くなってしまうという側面もあります。これらの要素をシステムの中で上手に取り込んで、最終的には宿泊収入（レベニュー）を最大化していくことが求められるのです。

異業種の中にはこうした特性をはじめから理解したうえでシステム化し、参入してくるところも出始めています。訪日外国人客の隆盛が近い将来、ホテル業界の順位を変えるきっかけになるかもしれません。

第三章

訪日外国人客の日本での生態

こんなところが観光地？

山梨県富士吉田市《ふじよしだ》。ここに、富士急行大月線「下吉田《しも》」駅という鄙《ひな》びた駅がありま す。一日の平均乗車数は約120名という小さな駅が今、タイからやってくる訪日外国人客で大賑わいです。

彼らが向かう先は、駅から徒歩20分のところにある「新倉山浅間《にいくらやまあさま》公園」です。日本人観光客でこの駅で下車し、公園に向かう人はほとんどいません。

この公園には400段にも及ぶ階段がありますが、タイ人たちはこの階段をひたすら登っていきます。そしてたどり着いた階段の上からは「五重塔」と「富士山」が見えるのです。

実はこの公園からは、五重塔をバックに富士山を正面から見ることができる「絶景」スポットがあったのです。この場所については、あるタイ人カップルがたまたま見つけて、この借景で二人の写真を撮影、SNSにアップしたところ瞬《また》く間《ま》にタイ国内で広まり、日本に行くなら絶対にこのスポットで写真を撮るといった流行につながったのでした。

日本人は誰も気がつかなかったような場所が、いきなり「観光地」となって脚光を浴びる。旅行会社が一生懸命日本の「観光地」の特集を組む前に、訪日外国人客が「勝手に」彼らの感性に合う場所を発見して、これを観光地化してしまう現象が今、日本の各地に発生しています。

トリップアドバイザーという旅行業者の「外国人が選んだ日本観光地ランキングTOP30」(二〇一四年)という興味深いレポートがあります。

これによれば、30位以内には京都の寺院や広島の原爆資料館など「お馴染み」の施設が並ぶ中で、日本人にとってはあまり関心がない、あるいは名前すら知らない施設のいくつかが、ランクインされています。【図表⑪】

たとえば、外国人は意外と日本の猿がお好みのようで、14位に京都、嵐山の「モンキーパークいわたやま」が、21位には長野県地獄谷の「地獄谷野猿公苑」が選ばれています。16位には東京新宿の「ロボットレストラン」や27位には大阪の「ビデオゲームバースペースステーション」、28位には愛知県「トヨタテクノミュージアム産業技術記念館」など、耳慣れないテクノ系の施設名称が並びます。

図表⑪ 外国人が選ぶ日本の観光地TOP30（2014年）

第１位	伏見稲荷神社（京都府京都市）
第２位	広島県平和記念資料館（広島県広島市）
第３位	厳島神社（広島県日市市）
４位	金閣寺（京都府京都市）
５位	東大寺（奈良県奈良市）
６位	高野山奥之院（和歌山県高野町）
７位	清水寺（京都府京都市）
８位	新宿御苑（東京都新宿区）
９位	箱根彫刻の森美術館（神奈川県足柄下郡箱根町）
10位	新勝寺／成田山（千葉県成田市）
11位	沖縄美ら海水族館（沖縄県国頭郡本部町）
12位	松本城（長野県松本市）
13位	三十三間堂（京都府京都市）
14位	嵐山モンキーパークいわたやま（京都府京都市）
15位	兼六園（石川県金沢市）
16位	ロボットレストラン（東京都新宿区）
17位	二条城（京都府京都市）
18位	長崎原爆資料館（長崎県長崎市）
19位	森美術館（東京都港区）
20位	明治神宮（東京都渋谷区）
21位	地獄谷野猿公苑（長野県下高井郡）
22位	奈良公園（奈良県奈良市）
23位	道頓堀（大阪府大阪市）
24位	渋谷センター街（東京都渋谷区）
25位	浅草寺（東京都台東区）
26位	海遊館（大阪府大阪市）
27位	ビデオゲームバースペースステーション（大阪府大阪市）
28位	トヨタテクノミュージアム産業技術記念館（愛知県名古屋市）
29位	京都錦市場（京都府京都市）
30位	心斎橋（大阪府大阪市）

出所：トリップアドバイザー

以前から日本の象徴であった「芸者」「富士山」は、どちらかといえば西欧人が思い描いた日本の姿です。今は多くのアジア人観光客が、西欧人の感性とはまた異なる視点で日本を評価しているのです。

つまり、日本に残る伝統、文化という視点だけでなく、「今の日本」を評価する姿勢です。アジアの国々の人にとって、日本は地域一番の「先進国」です。そして多くの若者は生まれたときから多くの日本の製品に接し、慣れ親しんできています。したがって日本の最先端のテクノロジーに対する憧《あこが》れもまた、彼らが日本を旅する目的の一つになっているのです。

こうした視点から日本を旅する訪日外国人客は、今後も日本のさまざまな場所に新たな日本を発見し続けることでしょう。それは日本人の感覚とはおそらくだいぶ異なるものかもしれません。

しかし、彼らのそうした感性がまた「日本再発見」となり、日本の観光地を拡大してくれることにつながります。日本の国内を自由に歩き回っていただき、日本のありのままの姿を体感し、その感想を従来のような旅行メディアだけでない、ＳＮＳやフェイスブックなどのさまざまな自己表現手段を用いて世界中に広めていただければ、それこそが抜群の「日本観光大使」の役割を果たしてくれることになります。

本章では、日本中をほっつき歩く訪日外国人客の生態を追いかけていきます。

外国人はどこに泊まっているのか

まず、日本にやってくる外国人は、日本のどこに宿泊しているのでしょうか。観光庁では全国都道府県別に外国人の延べ宿泊者数を発表しています。【図表⑫】次に掲げる表は二〇一四年における外国人宿泊者数が多い都道府県10と、少ない都道府県10を示したものです。

外国人の延べ宿泊者数は全体で1237万1000人泊、このうち東京都は381万人泊、全体の3割強を占めて圧倒的に1位です。東京に続くのが大阪、北海道、京都、千葉、沖縄の順となります。

千葉が上位に来るのは成田空港が存在するのと「東京」という名前がついているのに実際は千葉県浦安市に存する「東京ディズニーリゾート」のおかげです。

図表⑫ 都道府県別外国人延べ宿泊者数（2014年）

ベスト10

1	東京都	3,810
2	大阪府	1,601
3	北海道	1,087
4	京都府	861
5	千葉	699
6	沖縄	564
7	愛知	439
8	福岡	418
9	神奈川	345
10	山梨	247
	静岡	226

ワースト10

1	福井	7
2	島根	8
3	福島	11
4	徳島	11
5	山形	12
6	高知	13
7	秋田	13
8	山口	14
9	鳥取	16
10	青森	19
	埼玉	20

（単位：千人泊）

出所：観光庁「宿泊旅行統計調査」

北海道や京都、あるいは沖縄といったところが上位に来るのは、「観光」という要素を考えると頷けるところです。

あまり観光資源が思い当たらない愛知県は、「セントレア」というおしゃれな名前を冠《かん》する中部国際空港が訪日外国人客の窓口となっていることが要因と考えられます。

神奈川、山梨、ベスト10の番外ですが、静岡は明らかに「富士山」と「温泉」です。

一方、外国人に「縁がない」都道府県は、福井のわずか7000人泊を筆頭に島根、福島や山形などの東北4県、四国や鳥取、山口など中国地方の県が並びます。

これらの県にはすぐに思い当たるような観光地が少ないうえに、どれにもあてはまるのが「交通の便」の悪さです。福井は北陸新幹線の延伸が期待されますが、現在では大阪から特急で2時間弱。東京からでも東海道新幹線、米原経由で3時間以上かかります。

また、それぞれ地元の空港も外国航空の就航が少なく、自治体も含めて訪日外国人客の集客に知恵が絞れていない状況です。

ちょっと面白いのは、番外ですが埼玉県が「外国人が来ない」都道府県の11位にランキングされていることです。首都圏では千葉、神奈川が上位に名を連ねているのに、埼玉だけ「ドンペケ」です。これはおそらく埼玉には外国人が興味を持つような対象が少ないからです。

では、外国人が日本で興味を持つ対象にはどんなものがあるのでしょうか。訪日外国人客の興味対象は大きく分けて次の7つの観点で整理されます。

①地理的な近さ
②買い物
③自然
④伝統、文化、食
⑤遊び（テーマパーク、遊園地など）
⑥温泉
⑦先進性、流行発信

地理的な近さというのは特に近隣アジア諸国からは重要なポイントです。たとえば韓国から見て「最も身近な日本」というのは福岡です。プサンからは福岡・博多港までＪＲ九州系列の高速船「ビートル」が一日、往復23便就航しています。

台湾から沖縄に行くのは、あたかも「隣りの島」に出かけるような気安さです。

買い物といえば東京、大阪が上位に並びます。中国をはじめとしたアジア人観光客の日本旅行目的の大きなシェアを占めているのが、「買い物」です。東京の新宿、銀座、秋葉原。大阪は日本橋《にっぽんばし》。今や外国人観光客で地元のお店は大賑わいです。

自然といえば、アジアの中で日本ほど「四季」を感じられる国はないといいます。日本列島は南北に連なる大小6852の島々で構成される国ですが、これを地球儀上で考えると北緯45度から20度まで、直線距離にして3000キロメートルにも及ぶ南北に長い国です。この南北に長いという地理上の特徴によって、日本全国のどこでも春夏秋冬を体験でき、美しい自然を愛《め》でることができるのです。これが、アジア人から見た日本の魅力の一つになっているのです。

伝統や文化、食も、大きな観光要素といわれています。日本が中国や朝鮮半島の影響を受けながらも島国として独自の伝統や文化を育《はぐく》んだことが、外国人には興味の対象となります。代表的な観光都市である京都をはじめ、日本には多くの地方都市があります。

また日本食も魅力の一つでしょう。おいしくてヘルシーであるだけでなく、何より「見た目」が繊細で美しい。日本人の美意識がこの料理というジャンルでは遺憾《いかん》なく発揮されているのです。観光で外国にやって来たとき、「食」は何よりの楽しみの一つです。その楽しみに日本食はぴったりというわけです。

食事をするなら、お酒も大切なアイテムです。今や日本酒は世界中の人々から愛され、多くのお酒のコンクールで高い評価を受けています。しかも国内各地に数えきれないほど多くの「銘柄」が存在し、これらを楽しむのも日本旅行の醍醐味《だいごみ》です。

老若男女が喜ぶ観光施設も目白押し。寺社仏閣からお城といった歴史的資産からディズニーリゾートやユニバーサル・スタジオ・ジャパン、ハウステンボスといった娯楽施設、空をも貫く東京スカイツリーなど見どころ満載です。

疲れきった体を癒《いや》すには温泉です。日本中いたるところに温泉が存在します。はじめのうちは裸でお風呂に入ることに違和感を覚える外国人が多かったのですが、この習慣も徐々に理解を得られ、今や国内の有名な温泉地は裸の外国人で占拠されています。

また、多くの日本人は感じていないのですが、訪日外国人客から見た日本は、先進的な技術、たとえばロボットやハイテク技術から、はたまたレストランのショーウィンドウに並ぶプラスティックでできたメニューの数々、キュートなフィギュア、ガンダム、こうした日本のポップカルチャーも、今や世界的人気を博しているのです。

都道府県によって違う外国人の顔

日本を訪れる主要な外国人の国別宿泊先を分類したのが、次の表です。【図表⑬】どの国も東京に宿泊する割合が多いのですが、2番目以降になるとエリアや国による特徴が見て取れます。

たとえば、中国、韓国といった東アジアから香港を含むASEAN地域は、大阪の割合が高くなります。原因は地理的な近さに加えて「買い物」です。アジアからの観光客の消費額は欧米に比べて高い傾向にあり、地理的に近い大阪にやって来て買い物をする観光客が多いことが想像できます。

またこれらの国々では北海道も人気のエリアです。「冬」という季節がない台湾や香港、ASEANのエリアの人々に北海道は魅力的。雪を見るだけで満足という観光客も多いと聞きます。

欧米になると、圧倒的に京都が人気です。日本の寺社仏閣、文化に接したいという願望と、彼らから見ると神秘的なイメージが強い東洋の色彩を色濃く残す代表的な都市である京都が人気なのです。

図表⑬ 国籍別、都道府県別外国人延べ宿泊者数構成比

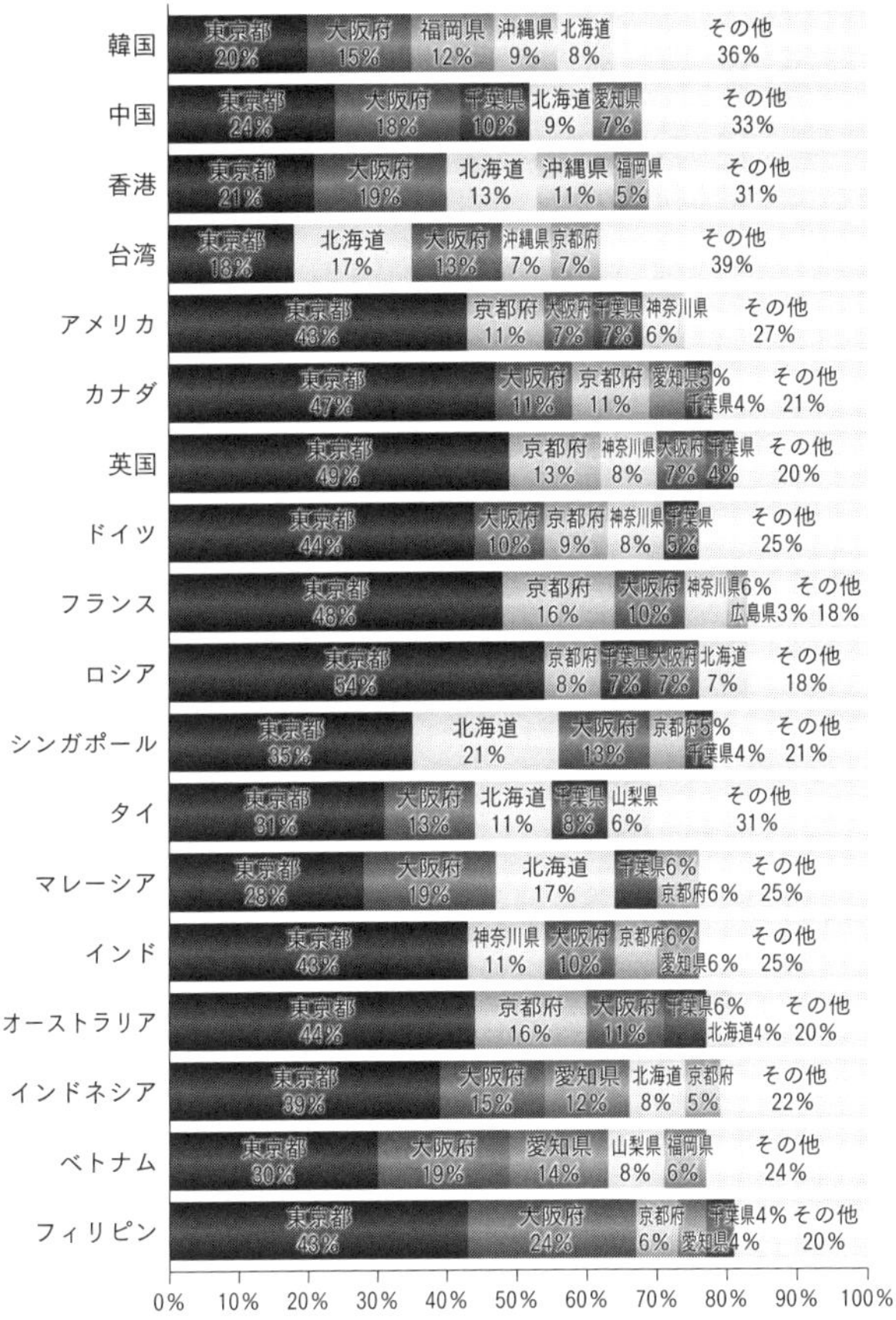
韓国
東京都 20%
大阪府 15%
福岡県 12%
沖縄県 9%
北海道 8%
その他 36%
中国
東京都 24%
大阪府 18%
千葉県 10%
北海道 9%
愛知県 7%
その他 33%
香港
東京都 21%
大阪府 19%
北海道 13%
沖縄県 11%
福岡県 5%
その他 31%
台湾
東京都 18%
北海道 17%
大阪府 13%
沖縄県 7%
京都府 7%
その他 39%
アメリカ
東京都 43%
京都府 11%
大阪府 7%
千葉県 7%
神奈川県 6%
その他 27%
カナダ
東京都 47%
大阪府 11%
京都府 11%
愛知県5%
千葉県4%
その他 21%
英国
東京都 49%
京都府 13%
神奈川県 8%
大阪府 7%
千葉県 4%
その他 20%
ドイツ
東京都 44%
大阪府 10%
京都府 9%
神奈川県 8%
千葉県 5%
その他 25%
フランス
東京都 48%
京都府 16%
大阪府 10%
神奈川県6%
広島県3%
その他 18%
ロシア
東京都 54%
京都府 8%
千葉県 7%
大阪府 7%
北海道 7%
その他 18%
シンガポール
東京都 35%
北海道 21%
大阪府 13%
京都府5%
千葉県4%
その他 21%
タイ
東京都 31%
大阪府 13%
北海道 11%
千葉県 8%
山梨県 6%
その他 31%
マレーシア
東京都 28%
大阪府 19%
北海道 17%
千葉県6%
京都府6%
その他 25%
インド
東京都 43%
神奈川県 11%
大阪府 10%
京都府6%
愛知県6%
その他 25%
オーストラリア
東京都 44%
京都府 16%
大阪府 11%
千葉県6%
北海道4%
その他 20%
インドネシア
東京都 39%
大阪府 15%
愛知県 12%
北海道 8%
京都府 5%
その他 22%
ベトナム
東京都 30%
大阪府 19%
愛知県 14%
山梨県 8%
福岡県 6%
その他 24%
フィリピン
東京都 43%
大阪府 24%
京都府 6%
千葉県4%
愛知県4%
その他 20%
0% 10% 20% 30% 40% 50% 60% 70% 80% 90% 100%

※従業者数10人以上の施設に対する調査から作成

出所：観光庁「宿泊旅行統計調査」

都道府県の側からどこの国のお客様が多いかを見たのが次の表です。【図表⑭】

明確なのが北に行くほど台湾の割合が多く、九州に行くと韓国が圧倒的に多数だということです。韓国は地理的な近さが理由ですが、特に彼らは温泉とゴルフが大好きです。ゴルフをやって温泉に泊まるなどといった娯楽が1泊でも組めてしまうほど、九州は距離感が近いのです。

京都は国際的な観光拠点ということもあり、アジア、欧米から満遍なく客を取っています。以前、中国人は寺社仏閣では日本の先輩格であり、京都に来てもあまり関心を示さないとも言われましたが、今では台湾と並んで多くの観光客で賑わっています。

興味深いのが、韓国からの観光客が少ないことです。日本の古都である京都に対して精神的な抵抗が強いのかもしれません。逆に言えば中国はあまりそういった意識はなく、「良いものは良い」と考え、「恨《ハン》の国」である韓国とは考え方がやや異なるのかもしれません。

原爆が投下されるという人類史上類《るい》を見ない甚大な被害に遭い、世界平和都市とし

図表⑭ 都道府県別、国籍別外国人延べ宿泊者数構成比

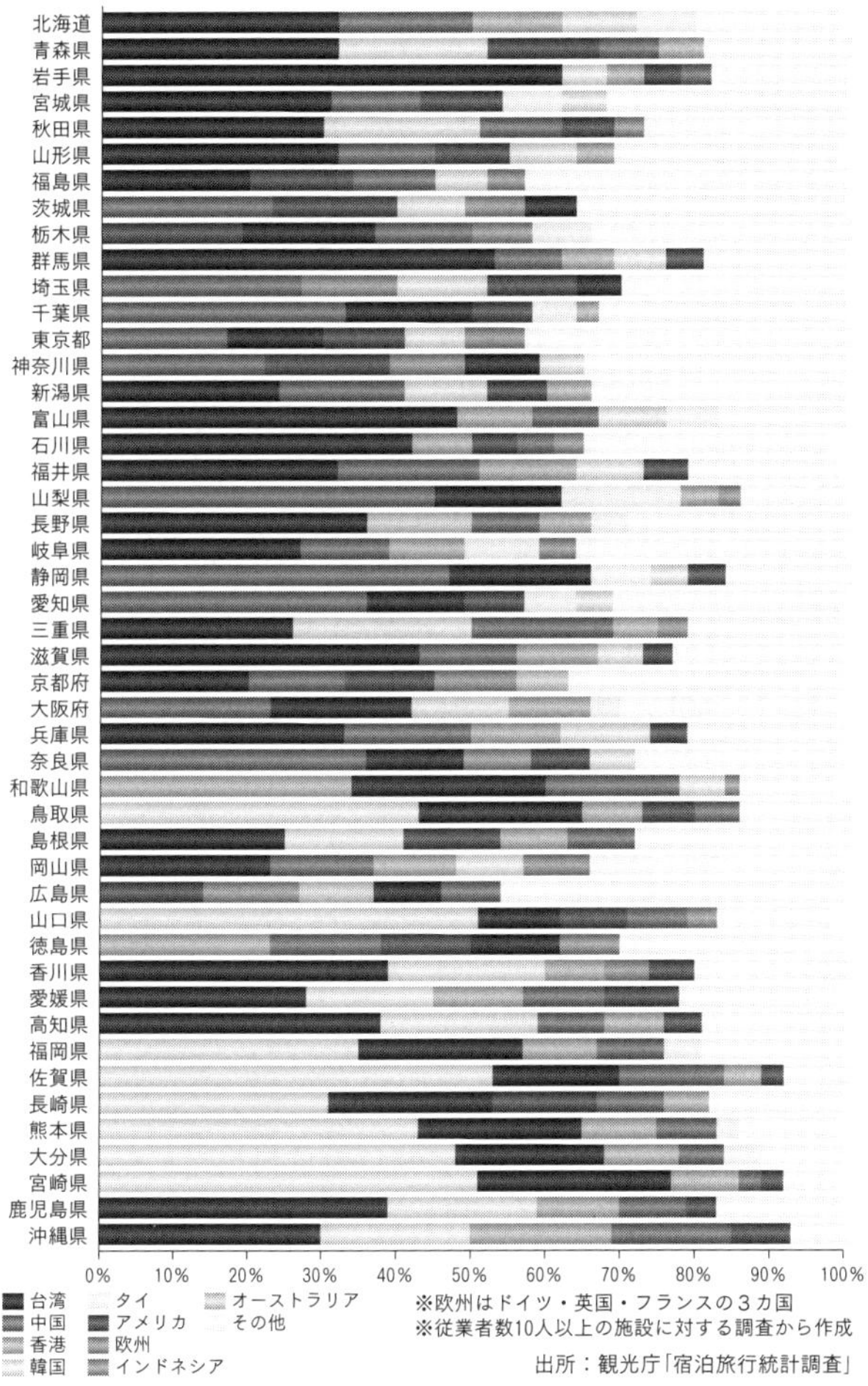

※欧州はドイツ・英国・フランスの３カ国
※従業者数10人以上の施設に対する調査から作成
出所：観光庁「宿泊旅行統計調査」

ても名高い広島は他のエリアと異なり、アメリカと欧州からの観光客が主体です。オーストラリアまで含めると全体の4割近くが非アジアの国々からの客であることが特徴です。多くの観光客は原爆ドームを見学し、併《あわ》せて厳島《いつくしま》神社に立ち寄るのが観光コースのようです。ここでも中国、台湾からの観光客の姿はあるものの、韓国人の姿は少ないようです。韓国は太平洋戦争を終結に導いた広島や長崎の原爆投下の状況を顧《かえり》みることを意識的に避けているのか、歴史認識へのこだわりを感じさせます。

国により観光客の「好み」もやや異なるようです。韓国人がゴルフや温泉を好む、欧米人が日本の文化に触れることを好むと言いましたが、中国人や香港人は「雄大な風景」や「荒々しい自然」がお好みのようです。北海道でこの両国の観光客が過半数に達しているのも北海道の雄大な風景のゆえだと言われます。

また和歌山県には香港および台湾、中国からの観光客で8割を占めている紀伊半島の海岸沿いの勇壮な景観、圧倒的な存在感の那智《なち》の滝などがあり、こうした自然の仕掛けを喜ぶようです。

富士山が大好きなのも中国、台湾の人たちです。山梨県や静岡県では富士山が見える温泉旅館の「売却」話が出ると、両国の投資家が購入しようとして殺到します。人気が拍車をかけて今このエリアの「富士山が見える」ホテル旅館の価格は暴騰していると言ってよい状態にあります。

一方で、同じ中国系でも香港人は所得水準が比較的高い人が多いこともあり、観光地でも軽井沢のような高級志向の地がお好みです。香港には軽井沢のような高原が存在しないことからこの地は彼らには大人気です。高原リゾートのちょっとセレブな雰囲気を楽しみ、滞在する。香港人にとってはプライドをくすぐられるエリアなのです。

大阪は中国、台湾、韓国に圧倒的な人気があります。中国、台湾、韓国系の人たちはとにかく貪欲です。買い物でも食べ物でもあまり気取らずに「実質」を重視します。そんな彼らのキャラクターにぴたりと適合するのが、大阪の街なのかもしれません。

大阪のミナミ、道頓堀に行くと歩きながら「たこ焼き」を頰張《ほおば》るのは今や彼ら観光客が主流です。買い物でもあからさまに値引きを要求して買い物をエンジョイするのも、彼らです。大阪のおばちゃんだって負けてはいません。売れるとなればとことん付き合ってくれます。関東もんの私から見ると、何となく両者には共通項があるようで、これはこれで面白い現象です。

このように一口に訪日外国人客と言っても、やってくる外国人の「好み」やそれを受け入れる観光地から分析すると、日本をほっつき歩く外国人の顔がもう少し鮮明に見えてくるのです。

この横顔が見えてこないと、

「ガイジンさん、いらっしゃい」

と叫んでも、広い世界のどこに向かって発信しているのか方向感を失うことになります。

四季を愛《め》でる外国人

私は仕事柄、中国や韓国、台湾、あるいはASEAN諸国の方とお会いすることが多いのですが、多くの人が異口同音にコメントされるのが日本の四季の美しさです。

われわれ日本人にとっては、一年で春夏秋冬があるのはいわば「常態」ですから、常に四季を前提とした生活をしています。

ところが、タイのバンコクに長く駐在していた私の知人は、

「バンコクはいいところだけど、なんだか季節感がなくてメリハリがつかないんだよ」

とよく嘆いていました。

バンコクは年間を通じて平均最高気温が30度を下回る月はありません。平均気温ベースで見れば一月から三月くらいまでは25度前後で雨の少ない乾季にあたり、比較的過ごしやすいのですが、九月から一〇月にかけては雨季で大量の雨が降り、湿度も高く蒸し暑い日々が続きます。

気候としては年間平均気温29度、平均湿度76％の熱帯気候です。そのためにバンコクには四季というものがありません。そんな彼らが日本にやってくる大きな目的の一つが、「雪」を見ることです。

彼らは雪を抱く真冬の富士山に歓声を上げ、雪と戯《たわむ》れる自らの姿をフェイスブッ

クに誇らしげに掲載し、友達にツイートしまくるのです。

日本では考えられないことですが、「雪」自体が立派な観光資源になっているのです。

同じように冬の小樽《おたる》には大勢の台湾人観光客がやって来ます。小樽運河に雪が降る光景が彼らのお目当て。また、近くのゲレンデに出かけて記念撮影をします。スキーをやる人もいるのですが、多くの台湾人はゲレンデで雪をバックに記念撮影をするだけで満足なのです。

七〇年代後半から八〇年代、日本にもスキーブームがありました。一九八七（昭和六二）年にはホイチョイ・プロダクション制作の映画「私をスキーに連れてって」が大流行しました。その当時、長野県出身の私の友人は、

「なんで、こんな雪山にスキーをしに、あんなに大勢の客が来るのか、皆目わからん。俺は雪もスキーもなんも面白いとは思わないのに。都会の人はみんな頭がちょっとおかしいんじゃないか」

と嘯《うそぶ》きましたが、今ではただただ「雪」を見に来る訪日外国人客の登場にさぞや

目をパチクリとさせていることでしょう。

春。日本は桜の季節。桜をこよなく愛する日本人は、桜の花を見て季節を想《おも》い、新入学や会社での配置換えや転勤などもこの季節に合わせて行なわれるケースが多いために、桜は日本人にとって自らや家族を想う「特別な存在」となっています。

夜はまだ寒さが残る季節であるにもかかわらず、外套《がいとう》をまとって桜の木の下に集《つど》い、満開の桜を愛でながら酒を飲んで歌う。

日本人であることを強く感じるこのお花見。最近は珍客の参加が増えています。訪日外国人客です。二〇一五年、日本のお花見風景にちょっとした異変が起こりました。東京の上野公園の満開の桜の下に集まる男女の話し言葉が中国語。かつては「ありえなかった」お客様です。

桜に罪はないのですが、この花は中国や韓国などの国から見れば、過去の忌《い》まわしい戦争体験を想起させる「悪い意味」での日本国の象徴です。その桜を中国人の方たちが次々とスマホで撮影をする。こんな情景がニュースでも取り上げられ話題を呼びました。

さらに日本人を驚かせたのが、桜の名所として有名な靖国《やすくに》神社にも大勢の中国人が押し寄せたことです。靖国神社といえば中国にとっては国家級の「目の敵《かたき》」であるはず。ところが桜の木の下で無邪気に笑って自らの姿をスマホに収める中国人の方々は、普通の観光客と何ら変わりがありません。

日本は四季があって自然に恵まれ、それぞれの季節を楽しむ風情が昔から続いています。早春には梅、春は桜、初夏は藤《ふじ》、梅雨時は紫陽花《あじさい》、夏は向日葵《ひまわり》、秋には彼岸《ひがん》花《ばな》、冬は椿《つばき》、花一つをとっても折々の季節の花が私たちを楽しませてくれます。

さらに秋には紅葉《もみじ》や月見を楽しむ。こうした季節を愛でる一つ一つの行為に訪日外国人客は驚き、日本人と一緒になって季節を楽しもうとするのです。

観光というとどうしても、ハコものの施設があって、名物やお土産《みやげ》を用意して、とステレオタイプに考えがちなのですが、意外にも外国人は日本の季節の移り変わりと、季節を愛でる姿、風情を楽しみにやってくるのです。

「自然」「食事」「買い物」「おもてなし」

観光旅行を楽しむには、いくつかの要素があります。

たとえばイタリアのローマを旅するときに人はどんな情景を思い浮かべるでしょうか。ローマといえばコロッセオに代表される古代の建物群。市内を歩けば、グレゴリー・ペックが運転するスクーターの後ろに跨《また》がったオードリー・ヘプバーンに会えるかもしれない。スペイン広場に行ったら愛の泉に向かって、硬貨を後ろ向きに投げ入れなくちゃ。

観《み》る対象、それは歴史的建造物であっても自然であっても人々の関心を引くような対象があり、そこにストーリーがあることが必要です。

そして、食事です。イタリア料理は楽しみです。どのレストランに行こうか。そこで何を注文しようか。日本で食べられないものは何かな。ワインも見逃せない。旅行の日のために少しダイエットしておかなくちゃ。

それから買い物です。イタリアといえば「皮革製品」だよね。革靴、ベルト、ジャンパー。革製のネクタイもあるらしいぞ。デザインの国だからインテリアやキッチン用品もいいね。アレッシィの新作はどうかな。

観光客は、このように観る対象、食事、買い物を楽しみながら旅行を続けていきます。

数年前、私は首都圏のある観光地の再生ビジネスに携《たずさ》わったことがあります。その地は以前には大勢の若者が訪れ、雄大な自然のもとでテニスやハイキングを楽しむ首都圏有数の観光地でした。

ところが一九九〇年代後半から観光客数は激減。地元の旅館やペンションはどんどんいなくなる観光客におろおろするばかりでした。以前はテニスを楽しむ若い男女で引きも切らなかった街は、今はひっそりとし、アイスクリームを売っていたお土産屋の姿も消えています。

そこで、当該観光地の中でも以前は若者で賑わった、ある湖周辺をモデル地区にして観光客の「呼び寄せ」を企画しました。

まずは観光客を引き寄せるための「観る」対象の選定です。これには事欠きません。そこには雄大な山岳風景が連なり、観る人の心を鷲掴《わしづか》みにする要素がてんこ盛りです。地元の人にとっては毎日見る「山」です。彼らからみればこの景色を見るためになぜ大勢の観光客が来るのか、今までも不思議に思っていたと言います。先ほどのスキーの話と一緒です。

しかしよく考えてみれば、以前、大勢やって来ていた若者たちだって、わざわざ「景色だけ」を観るためにやって来ていたわけではありません。雄大な山並みはこの地に来る理由の一つであって、実はこの地までやって来て雄大な山々に囲まれながらテニスをやって汗をかき、汗をかけばお腹がすいて、食事をする。食事がおいしければ帰りに買い物をして「思い出」作りをする。若者ですからついでに「彼女」ができれば……、だいたいがこんな構図だったのです。

ところが現在、この湖の様子を見ると、広大な駐車場とその周囲に張り付く土産物屋さん。売っているものは、日本中どこでも食べられるソフトクリームや焼きそば、ラーメン。

たしかに湖に映《は》える雄大な山並みは昔と何ら変わりはありません。しかし、これではたとえこの湖に車でやって来た観光客とて、車から降りて、山の写真を2、3枚、湖をバックに2、3枚の都合5、6枚の写真をスマホに収めれば、すぐに車に乗って次の目的地に走り去る姿がまぶたに浮かびます。

テニスもしなくなった。彼女とのデートにも似合わなくなった。若者がいなくなったこの観光地での私たちの提案は次のようなものでした。

とにかく、湖の周囲を「歩いてもらう」。

この湖は一周するには徒歩で約20分。それでもただ、「歩いてください」と呼びかけたって人は歩いてはくれません。仕掛けが必要です。

そこで、湖の周囲に木道を設置することを提案。木道沿いにいくつかの「フォトスポット」を設置し、番号を割り振りました。駐車場の前だけで写真を撮っていた観光客に番号順に撮影するときれいなストーリーとなるように、「山と湖の物語」を作り、そのあらすじに合わせて湖を一周するようにしたのです。

湖が人工湖で水面が比較的一定である（天然の湖ですと、湖に流入する水量の影響で湖面の高低差が大きくなります）ことに着眼し、木道を湖面にも設置し、まるで「水の中」に浮かぶ小島のように演出してそこから眺める山並みを撮影スポットにしました。

こうして、観光客に湖を一周させる「仕掛け」を施したのです。すると30分程度をかけて一周してきたお客さんは当然、のどが渇いたり、お腹がすく。そこに今までのようなラーメンやソフトクリームではなく、地元の高原野菜をふんだんに使った料理やとれたての新鮮な果実を使ったジュースなどを用意して味わっていただく。

この高原の味覚を堪能した観光客は、その味を家でも味わおうと、高原野菜や果実をお土産に買って帰る。こんなストーリーラインをこしらえたのです。

訪日外国人客を迎えるにあたっても、こうした一連の「流れ」が必要です。

東京五輪の開催が決定したとき、滝川クリステルさんが愛らしい表情で「お・も・て・な・し」と語りかけ、以来、日本の観光には「おもてなし」の心がある、その心で訪日外国人客を惹きつけるのだ、と考える人が増えたのですが、実は一番肝心なのがこのストーリーラインの構築なのです。

そのうえで、観光客をお迎えする日本人の優しい心遣い「おもてなし」が加われば、そのことが訪日外国人客の日本に対する印象をアップさせ、リピーターの増加につながるのです。

最近では、大勢の訪日外国人客が日本人では思ってもみなかったような新しい観光資源、対象を発見し、勝手に観光地に仕立て上げているというお話をしました。彼らを受け入れる私たち日本人はそこに「ストーリー」を作り、食事や買い物を連動させ、さらに「おもてなし」の心を込めることで訪日外国人客に喜んでいただく、そんな心構えが必要になっているのです。

中国人「爆買い」の実態

訪日外国人客が日本にやってくる「観る」「食べる」「買う」のうち、最近大いに注目を集めているのが、特に中国人観光客を中心とした「爆買い」と呼ばれる現象です。

二〇一五年、春節期間中に日本にやって来た中国人は約45万人にも及びました。そして彼らが日本に落としていったお金、消費額は約60億元（約1140億円）にも達しました。

彼らは日本のどんな商品を買っているのでしょうか。

データ分析会社であるホットリンクが行なった調査によれば、最近の彼らのお気に入りは次の３つと言われています。

①医薬品
②化粧品
③温水便座

医薬品は日本製の胃薬や風邪薬、目薬などが人気。太田胃散、龍角散などの日本では昔から愛用されている薬品、参天製薬の「サンテ」といった目薬などが中国人によって「爆買い」されていると言います。

化粧品はスキンケア化粧品、メイクアップ化粧品、健康サプリメントなどが対象となっています。日本の化粧品の品質に対する安心感、高級感が爆買いの要因となっているとも言われ、一度にまとめて大量に買い込む中国人観光客の姿を国内のあちらこちらの繁華街で目にすることができます。

温水便座はちょっと持ち運びが大変そうです。以前は日本を訪れる中国人観光客のお目当てはドライヤー、魔法瓶、炊飯器といった品々でしたが、日本の情報が豊富になると、温水便座にまで目が向くようになったようです。

これらの商品を売るのは「ドン・キホーテ」や「マツモトキヨシ」といった量販店です。都内にある、これらの店に行くと、今や日本人の買い物客よりも大勢の中国人観光客で店は占拠されています。

ドン・キホーテは、実は中国人観光客の取り込みについては以前から重要な企業戦略として位置付けてきました。早くから中国の旅行関連の展示会などに出展。彼らがどのような日本の商品を好み、どんなニーズを持っているのかを徹底的に研究してきました。国内の店舗でも「免税品」を取り扱える許可をいち早く取得し、中国人顧客の受け入れに積極的でした。

また、中国の旅行業者とタイアップして、観光客が大型バスでドン・キホーテの店舗に乗りつける「ルート」作りに相当の力を注《つ》ぎ込んできたのです。早くから日本人顧客だけでは需要が「先細り」することを予測し、今後増加が見込まれる「インバウンド＝訪日外国人客」の獲得を事業戦略としてきました。

その結果、今や中国人観光客にとって「ドン・キホーテでの買い物」は日本観光の重要な「お楽しみ」になったのでした。

最近では中国人のみならず、ＡＳＥＡＮ諸国からの観光客にも目をつけて、商品説明用のタグには「タイ語」「マレーシア語」などの表記も行ない、幅広いエリアからの顧客層の取り込みを図っています。

この「爆買い」現象。日本の国内では賛否両論です。

たとえば日本製の品質の高い「紙おむつ」。中国人観光客がスーパーの棚にある商品を「根こそぎ」お買い求めになってしまうので、現地の日本人消費者が買えない、といった笑えない話が現実となっています。

実は日本製の紙おむつが中国で買えないかと言えば、実際には大量に輸出しているので中国国内でも大都市であれば買うことはできます。しかし、中国人観光客の方に言わせると、中国では輸入品に対する関税が高いこと、また最近の為替レートから見れば日本国内で売っている紙おむつが安く見えること、そして何より中国では日本製を謳《うた》った「ニセモノ」が横行しているなどの理由で、日本に来たついでに大量に買い求めるとのことです。

最近では都内の普通のコンビニやドラッグストアでも「爆買い」する中国人を中心とした訪日外国人客の姿を目にします。コンビニで、棚にあるだけ全部の日本酒を買い求める人、ドラッグストアで健康サプリメントを一列分すべて買っていく人。そんな姿が日常でも珍しい光景ではなくなっています。

こうした動きに対して「顔をしかめる」向きもあります。しかし、日本人が比較的自由に海外旅行ができるようになったのは一九六四（昭和三九）年。それ以前は海外に渡航する人は業務渡航や留学・移住などの目的を持った人以外はパスポートが交付されませんでした。

そんな私たち日本人も海外旅行が比較的自由にできるようになった七〇年代頃には欧米などの旅行先で、「マナーを知らない日本人」として眉《まゆ》を顰《ひそ》められました。

中国の方が「観光目的」での個人旅行が認められるようになったのは一九八三（昭

和五八）年の、香港・マカオへの親族訪問等を理由とした海外渡航からで、日本国政府が中国人の富裕層に限って個人観光ビザを発給したのが二〇〇九年七月からです。その後、所得要件を徐々に緩和して、個人観光旅行ができる層を拡大してきた経緯から も、まだ非常に歴史の浅い中国人観光客との付き合い方はもう少し寛容にしてもよいのかもしれません。

この中国人の「爆買い」現象はいつまで続くのでしょうか。中国政府では現在、輸入品に対する関税を引き下げる方向で検討に入っています。輸入品であっても中国国内で消費されるほうが、日本に行って商品を大量に仕入れられるよりも国益にかなうからです。

したがって、今後は中国国内で比較的リーズナブルな価格で日本製の製品が求められるようになればこの現象は意外に早く終息するかもしれません。

中国人民元の切り下げは日本での買い物費用を押し上げ、購売意欲が減退することも考えられます。

それでも、どこで売れようが日本製に対する「信頼感」には絶大なものがあります。日本の製品を好んで買う中国人の数の増加は、政治的には冷え込んでいる日中関係を少しでも緩和する材料になるかもしれません。

田んぼが観光資源

岐阜県高山市、「飛驒高山」といえば、茅葺《かやぶ》き屋根の民家が連なり、日本古来の懐かしい風景を実感できる観光地として、有名です。

春と秋には「高山祭」が盛大に催され、山車の上で踊る「からくり人形」の愛嬌《あいきょう》のある表情と、滑稽《こっけい》な中にも人形による「宙返り」などの鋭い技を繰り出す匠《たくみ》の心意気を感じるお祭りです。

この飛驒高山に今、訪日外国人客が押し寄せています。

彼らのお目当てはもちろん、情緒溢れる茅葺き屋根の家屋、豊富な湯量の温泉も楽しみの一つですが、目指すはレンタサイクルに乗っての周遊にあります。

私も飛驒高山を訪れたことがありますが、そのときに感じたのは、観光資源（たとえば茅葺き屋根の古民家）がエリア内のあちらこちらに点在していて、とても歩いて周遊することができないことでした。必然、タクシーやバスなどの交通手段に頼らざるをえない。そうなると「ありきたりな」観光ポイントしか訪れることはなく、旅としての印象も薄いものにならざるをえないというのが感想でした。

ところが、その後高山市にはなかなかの策士が登場したようです。外国人たちに対して日本が誇る電動自転車を貸与。ちょっとかっこいい自転車用のサイクリングヘルメットを被《かぶ》せて、「勝手に」市内を周遊させることにしたのです。

特に欧米の観光客にこれがヒット。彼らは自転車に乗って点在する観光スポットを気の向くままに走り回り、地域の人々の「普段着の飛騨高山」を楽しみ始めたのです。

多数の言語に対応した市内マップも用意しました。標識を整備することで、欧米人やアジア人もこのツーリングに参戦しました。

すると思わぬ効果が出始めました。自転車で走り回る彼らが感動したのは、茅葺き屋根の古民家だけでなく、「田んぼ」だったのです。

米の文化がない欧米人はもとより、アジアからやって来た観光客も日本の田んぼの

「美しさ」に感動し、次々とSNSなどにアップし始めたのです。これが評判を呼び、今や高山観光のもう一つの楽しみは「田んぼ見学」という、地元の人から見れば「わけのわからない」新しい観光資源の発見につながったのでした。

飛騨高山を訪れる訪日外国人客の数は、こうした取り組みを裏付けるように急増しており現在では、20万人を超える30万人に迫る水準に達しています。【図表⑮】

一九九九（平成一一）年と比べると約6・9倍もの増加です。国別に見ても、飛騨高山はとりわけヨーロッパやオセアニア（オーストラリア、ニュージーランド）からの観光客が増加しています。【図表⑯】

こうした現象は、私たち日本人が今までステレオタイプ的に抱いてきた観光に対する考え方の根幹を揺さぶるものと言えます。つまり、旅行には何か大きな「仕掛け」があってそこに鉄道やバスなどで大量に客を集め、快適な「器」を用意して、おいしい食事があり、心のこもった「おもてなし」をしなければならないという従来からの旅行客に対する「お作法」のような考え方に対する挑戦とでもいうべきものです。

「田んぼ」という「ふつう」の生活シーンに外国人が感動する。それは私たち日本人

図表⑮ 高山市外国人観光客地域別入込者数推移

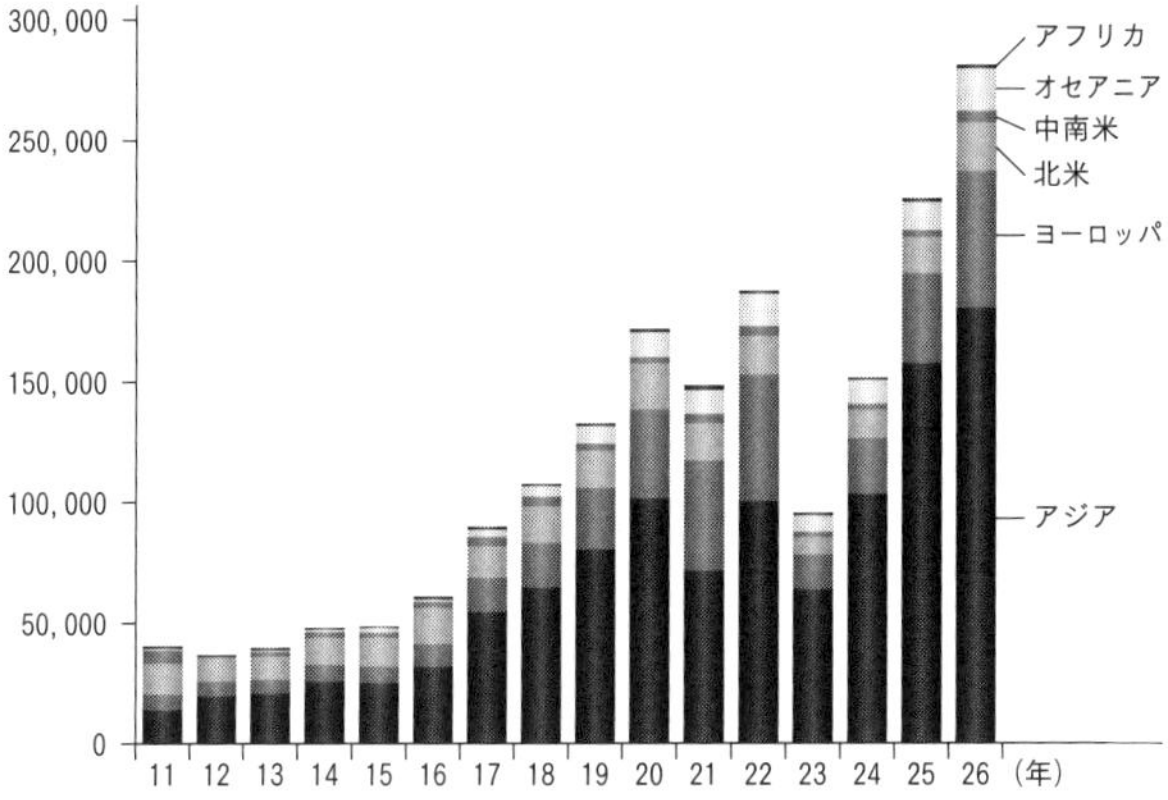

出所：高山市商工観光部観光課

図表⑯ 高山市の外国人観光客増加状況
(1999年を100とした指数。2014年との比較)

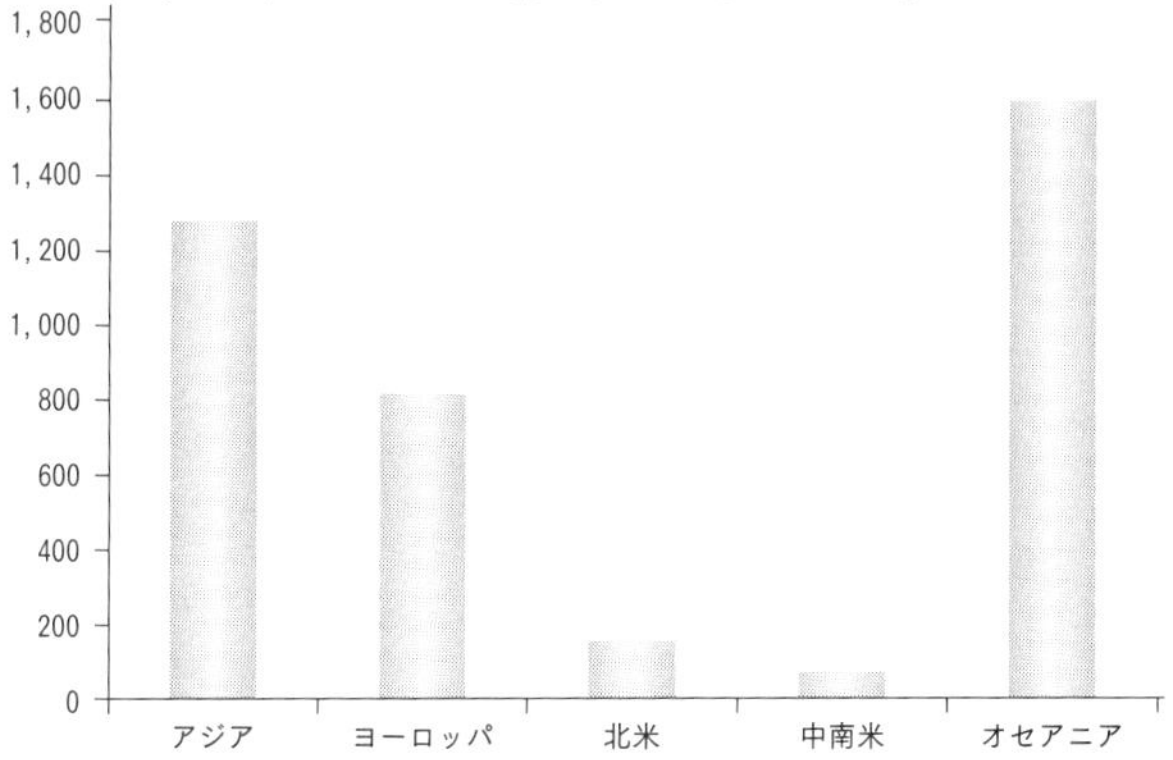

出所：高山市商工観光部観光課

が米食文化を育て、丹念に心を込めて作り上げてきた「普段の」生活シーンが、外国人の目を通すと「ワンダフル！」な光景となっているのです。

今、こうした「普段着」の日本を観光する外国人が増加しています。ありのままの日本の自然を観ていただく「里山ツアー」はこれからの日本観光の重要なキーワードになっているのです。

外国人が想う憧れのニッポン

私たち日本人も今や多くの人が外国旅行を気軽に楽しめるようになりました。初めのうちこそ、よくわからない外国の土を踏むことには緊張もあり、旅行会社が企画した「お仕着せ」のツアーに身を委《ゆだ》ね、ひたすら有名（といわれる）観光スポットをくまなく観光して、そのすべてをカメラに収め、そして休暇中に「ご迷惑」をおかけした会社関係、家族、親戚、友達のために大量のお土産を買って、なんだか疲労困憊《こんぱい》で帰国の途《と》に就いたものです。

しかし、世の中みんなが海外旅行に出かけだすと、旅行自体がとりたてて「ハレ」

の行為ではなくなりますので、次第にお土産の数が減る。二度目三度目の地も増えてくる。

すると同じ国でも、もう少し違うところが見たくなる。お仕着せの観光地ではなく、その国の人々の文化や習慣にどっぷり浸《つ》かれる場所はないか。現地の人たちと「等身大」で交流できるところはないか。その国の名物料理はもういいやとなります。現地の人たちがいつも食べている食事を体験したい。きっと新しい発見があるはずだ。

成熟した海外旅行客の多くがこのような思考をするようになります。

日本にやってくる外国人も同じです。ホテルで供される高級な和食や、寿司や天ぷらなど、日本を代表するメニューはすでに経験済みです。東京・新宿の思い出横丁のような路地裏の居酒屋で酒を酌《く》み交わし、焼鳥やお好み焼きで現地の日本人と接してみたい。自分も日本人の中に入ってみたい。

日本は南北に長い国。地方によって気候も景色も、そして食べるものまで微妙に異なります。それでいながら交通網は充実。どこにでも気軽に足を延ばせます。単一民族で治安も安心。今の時代スマホがあればどこにでも出かけていけます。ならば、ということでニッポンに複数回やってくる観光客は自ら積極的に日本国内を探検して歩くようになったのです。

このように、訪日外国人客にとっては今や日本はとても観光がしやすい国になり、そのことが、日本人では思いもよらなかったような「ニッポン」の発見につながっているのです。

今までも日本は安全で気候も温暖、独自の文化があり、観光要素は「盛り沢山」であったのですが、訪日外国人客が日本中を歩き回るには大きな制約がありました。日本語という壁です。

ところが、言語問題を解決してくれたのが、スマートフォンに代表されるネットの充実です。日本国中いたるところに「外国語表記」を施《ほどこ》すには大変な労苦を伴いますが、ネットであれば簡単です。先ほどご紹介した高山市のホームページなどは英語、中国語、韓国語はもちろん、フランス語、スペイン語、オランダ語、ポルトガル語、イタリア語、ロシア語、アラビア語の10ヵ国語に対応しています。訪日外国人客はスマートフォン片手に日本中どこでも旅ができるようになったのです。

今後は外国人が見つけた「意外なニッポン」が国内のいたるところに出現するかもしれません。またわれわれ日本人も、ただ観光バスを連ねてきて「爆買い」していなくなる訪日外国人客の姿ばかりに目が奪われがちですが、居酒屋の席の隣りに「普通に」座って一緒に酒を飲む「仲間」のような外国人と日常的に接することが普通になれば、「外国人」という意識も希薄になり、国際的にも相互の理解がより深まってくるものとなるのではと期待します。

第四章

受け入れ側の課題と解決策

東京五輪に向けての観光振興策

二〇二〇（平成三二）年、東京五輪の開催は、バブル崩壊後、失われた二〇年ともいわれた日本を大いに「勇気づける」一大イベントとして官民を挙げてその準備に余念がありません。

インバウンド（訪日外国人客）の受け入れにとっても、この五輪というイベントは大変大きな意味を持ちます。五輪はオリンピックばかりを考えがちですが、現代はオリンピックと同じ会場、そしてほぼ同じ時期にパラリンピックという障害者の方々のための五輪も開催されます。したがってこの二つのイベントを合わせて「オリパラ」などと略して呼んだりします。

東京五輪の具体的な日程ですが、オリンピックが二〇二〇年七月二四日から八月九日までの17日間28競技、パラリンピックが同年八月二五日から九月六日までの13日間22競技が行なわれます。二つのイベントは延べ日数で30日間、約1ヵ月のイベントです。

期間中は、多くの訪日外国人客の来日が予想されます。

みずほ総研の調べによれば、過去の五輪開催地を調査すると、五輪開催の決定後、実際に開催するまでの間に訪日外国人客の数は伸びる傾向があるようです。また、五輪終了後も継続して訪日外国人客数が増加する都市が多いとも分析しています。

具体的には、一九九二年のバルセロナ、二〇〇〇年のシドニー、二〇〇四年のアテネ、二〇〇八年の北京などで顕著にその傾向が見られるとのことです。

やはり五輪というイベントの持つ知名度アップが、インバウンド観光に与える影響は大きなものがあると期待されます。

一方で、二〇一二年のロンドンのように五輪開催時には会場近辺のホテルや商業施設に観光客が偏在し、町の中心部は閑古鳥といった現象も報告されました。

こうした状況をふまえ、日本国政府も東京五輪を契機としたさまざまな観光立国実現に向けたアクションプランを立てています。

特に五輪開催までに早急に整備する必要があるのが、訪日外国人客受け入れのための環境整備です。国が掲げている環境整備策はおおむね次の通りです。

①多言語対応
②無料Ｗｉ－Ｆｉの整備
③買い物環境の整備（免税店・クレジットカード等）
④宿泊施設の充実・多様化・情報提供
⑤ＣＩＱ（Custom：税関・Immigration：出入国管理・Quarantine：検疫）
⑥ムスリム対応
⑦観光ルートの創設

ここでは第一章でご案内した「買い物環境の整備」を除く六つの点につき、受け入れ環境の課題と整備の状況を追うこととしましょう。

多言語対応の限界

私が大手不動産会社で開発関係の仕事をしていた一九九九（平成一一）年頃、韓国の取引先にプロジェクトの説明のために初めてソウルに出かけました。まだ韓流ブームの前。韓国は、ＩＭＦショックといわれる為替の大幅な下落によるどん底の経済状況から、ようやく立ち直りの兆《きざ》しを見せていた時期でもありました。

金浦《キンポ》空港に降り立ち、先方に用意していただいたハイヤーに乗って都心部に向かうとき、私はちょっとしたカルチャーショックを受けたことを、今でもよく覚えています。高速道路を走る車から車窓越しに見るおびただしい数の看板が、一つも判読できないのです。

実は空港内でもわずかばかりの英語表示と、思い出す程度に現われる日本語表記（ただし、多くの日本語は文法的にはやや間違っている）に戸惑《とまど》い、先方の担当者の人懐こい笑顔のお出迎えがなければ、かなり不安になっていたであろうことは、容易に想像されました。

なぜなら、おびただしい数の看板はすべて「ハングル文字」だったからです。

したがって、ソウル出張中は一人で地下鉄に乗るのも「駅名がわからない」恐怖から足が向かず、大渋滞のソウル市内をちっとも動かないタクシーの座席に我慢して座っていたものでした。

しかし、自分の国、日本を振り返ってみれば、日本が使用している「漢字かな交《ま》じり」表記も多くの外国人にとっては、私がソウルで体験したと同じように「まったくちんぷんかんぷん」の文字であるはずです。

日本に戻ってあらためて街中の標識や看板をチェックすると、英語表示こそ当時のソウルよりも多少マシではありましたが、おそらく日本を訪れる多くの外国人にとってこの「文字表記」の問題は決定的に「ニッポン、無理」と映るはずでした。

現在は、東京もソウルも外国語表示はかなり改善されてきているといえます。問題の地下鉄はソウルでは早くから駅名に番号をつけ、英文字による線名のイニシャルと駅番号を附すことで、ハングル文字がわからなくとも目的地に到達できる工夫がされていました。このことは一緒にソウルでビジネスを手伝ってくれた通訳の方から教わり、私もやっとソウルの地下鉄に乗れるようになったのですが、東京でもソウルよりもやや遅れて同じような表記が行なわれるようになりました。

このように自国内ではあたりまえと思われる標識や案内も、あらためて外国人の目線で見ると、まるで「闇の中」を歩き回るような事態となっていることに気づかされます。

現在、国としては多言語対応の考え方を次のように整理しています。対象となるのは美術館や博物館、自然公園、観光地、道路、公共交通機関などで、外国人の目線に則《のっと》った共通ガイドラインの策定を目指しています。

多言語といっても世界中すべての国の言葉に対応するのは無理ですから、まず基本使用言語は「英語」とします。そのうえで、「禁止・注意」あるいは「名称・案内・誘導・位置」を示すものについては基本的に英語を併記することにしています。

また、災害や事故、火災などの非常時の対応については、それぞれの場面ごとの初期対応が可能な基礎的文例を用意しています。ついては表記の統一性への配慮、現場レベルでの臨機応変の対応までを視野に入れたものとなっています。

また、施設の特性や地域の事情によって中国語や韓国語、その他の言語についてもあわせて併記することで、「非英語圏」の外国人への配慮も行なっています。

民間レベルでは、すでにさまざまな多言語対応が行なわれています。

ドン・キホーテでは中国語のみならず、韓国語、タイ語、マレーシア語などでの商品解説や値札を整備し、中国人スタッフも常駐させて対応しています。

ホテルでは、英語での対応が精いっぱいのところが多いようですが、最近ではアパホテルのように、アイパッドのようなタブレット端末を使って、各国語を話すオペレーターとお客様が、画面上で直接意思の疎通ができるなどの新たな試みがなされています。

どうしても外国語対応というと、お客様の目の前にその言語を話せるスタッフを配置することばかり考えがちですが、今やタブレットを通じて世界中どこでも「つながっている」状態ですので、アパホテルのような発想は斬新な試みだと思います。

無線ＬＡＮの整備

日本語というちんぷんかんぷんの言語から離れ、訪日外国人客が日本国内を「一人歩き」できるようにするためには、スマートフォンをはじめとした通信機器が日本中どこでも気軽に利用できる環境の整備が必要です。国では総務省と観光庁が協力して、無料公衆無線ＬＡＮ環境の整備のための体制づくりが始まっています。具体的には利用できる場所を明確に表示することと、利用手続きの簡便化です。

日本は明治時代以来、有線の電話が国内中に張り巡らされたことから、日本中どこにいても電話で会話ができる環境が整っています。

ところがこれは日本国内だけで通用するシステムであり、現在のようにネットも含めて国内外と自由に送受信できる無線ＬＡＮについては、皮肉なことに電話回線がすでにいきわたっていただけに、日本では整備が遅れるという状況にありました。

たとえば、ＡＳＥＡＮ諸国にミャンマーという国があります。この国は長らく軍事政権が国を支配し、つい最近まで日本を含めた欧米諸国とは交流がない、いわば「鎖国」のような状態にありました。

ところが現在のテイン・セイン政権になってから進められた民主化政策により、西欧を中心とした多くの製品や技術が入り、それまで不備が多かった固定電話に代わり、ネット環境が急速に整備されました。

私も仕事でミャンマーに初めて出かけたとき、非常に驚いたのは首都ヤンゴン市内のちょっとしたレストランに入れば、どのお店でもウェートレスやウェーターがお客様の一人ひとりに紙切れを渡してくれることでした。なぜなら、その紙切れに書いてあるのは、無線LANの回線利用のためのパスワードだったからです。

ヤンゴン市内でビジネスを行なう場合でも、比較的ストレスなく、通信手段が確保できるということは驚きでした。ミャンマーは各家庭にはあまり電話が普及していません。逆に電話が普及しなかった分、設備投資が軽い、携帯電話、スマートフォンが入ってきたので、急速に普及したともいえるのです。

日本においても外国人が自由に利用できる無線LAN環境の整備は、国内を自由に歩き回っていただくためには必須のアイテムといえ、その整備が喫緊《きつきん》の課題といえます。

外国人が求める宿泊施設

日本に本格的な西洋式スタイルのホテルが誕生したのは、一八九〇（明治二三）年に開業した帝国ホテル（東京・千代田区）が最初と言われています。

当時は隣接地に鹿鳴館《ろくめいかん》が存在し、この鹿鳴館で外国人との交流を行なうに際して、西洋人でも宿泊ができるホテルの必要性が浮上し、井上馨《いのうえかおる》が当時の政商であった渋《しぶ》沢栄一《さわえいいち》や大倉喜八郎《おおくらきはちろう》らを動かし、一八八八（明治二一）年に有限責任東京ホテル会社を設立しました。

現代の日本、宿泊施設はどのくらい存在するでしょうか。厚生労働省の調査（衛星行政報告例）によれば二〇一三年度、全国のホテル数は９８０９棟、客室数は82万７２１１室にも及んでいます。一方、旅館はその数を年々減らし続けていますが、その棟数はホテルよりもはるかに多く４万３３６３棟、旅館は規模の小さなものが多いため客室数ではホテルよりも少ない73万５２７１室を擁しています。

ホテルおよび旅館を合計すると、今や日本全国で１５５万室もの部屋でお客様をお迎えすることができるということです。

では日本にやってくる訪日外国人客はどのような宿泊施設を好むのでしょうか。これまでは、外国人をお迎えするにあたっては、彼らがストレスを感じない宿泊施設が良いとの考えから、西洋式、つまり外国人が自国内でも日頃使用していて違和感のない設備仕様であることが求められました。

しかし、訪日外国人客が1000万人をはるかに超え、特に日本の近隣諸国である東アジアやASEAN諸国から大勢の訪日外国人客が出現するにあたって、状況は一変しました。

まず、アジアからの団体ツアー客の多くが、旅行費用が潤沢《じゅんたく》ではないことから交通費や宿泊費をなるべく節約して、費用の多くを「お土産」代などに注ぎ込みたいというニーズから、ビジネスホテルに宿泊するお客様が増加しました。

ビジネスホテル、という名称は日本独特のもので、海外にはないカテゴリーのホテルですが、その名のごとく、これまでは主に国内のビジネス客が出張などで利用するホテルでした。日本人の生活様式が西洋化するのにしたがって、畳、布団《ふとん》が主体の旅館は敬遠され、ベッドにシャワーがあるビジネスホテルが好まれるようになり、急速にその数を伸ばしたのです。

この「安くて便利」なビジネスホテルはこうした訪日外国人客のニーズにマッチしました。今や都内のビジネスホテルの朝は、フロント前にこれから都内の観光を楽しむために集まったアジア人を中心とした訪日外国人客でいっぱいです。

日本で発達したこのビジネスホテルという形態は、ここに宿泊した外国人の関心を集め、海外でも採用され始めています。「宿泊」のみに気を使い、食事は主に朝食の提供だけ行なうというホテルは従来から欧米でも存在していました。Ｂ＆Ｂ（Bed&Breakfast）というものです。しかし、日本のビジネスホテルはこのＢ＆Ｂよりも部屋は狭く、その分経営効率が高く、それでいて宿泊客のニーズにきめ細やかに対応した設備仕様が備わっているという点が、注目を集めたのです。

歯ブラシ、髭剃《ひげそ》りはもちろん、女性が喜ぶアイテムも豊富。ズボンプレッサーなどは欧米のホテルではお目にかかれない便利な器具です。部屋は狭いけれど、清潔で機能的、安全なビジネスホテルは気楽に泊まれる宿泊施設として外国人の支持を受けることとなったのでした。

一方で訪日が複数回となるリピーターも増加しています。リピーターともなると、「お仕着せ」の日本ではなく、日本の伝統や文化を味わえる体験がしたい、日本の習慣を自分も体験してみたい、というニーズが出てきます。

そんな彼らは日本の伝統的な旅館に泊まり、畳の部屋で、パジャマではなく浴衣《ゆかた》を着て、布団で寝る、そんな体験をしたくてやって来ます。

東京の上野や浅草の旅館は外国人向けに部屋の内装を改装。大胆な装飾を施し、また大浴場を設けて、内部を外国人が好む日本のアイテムをちりばめたものとし、人気を博しています。

この浴室の壁面にちりばめたアイテム、「鯉」や「宝船」、「太鼓」など、通常日本の浴室ではお目にかかれないようなキャラクターばかりなのですが、「日本風」を感じさせるものとして人気があるようです。

外国人だから、外国人が普段生活しているスタイルになるべく近い設備仕様でお迎えしようという考え方がある一方で、日本にやってくる外国人は自ら「日本」を体験したいという思いで日本に来ているのです。「西洋がなんでも一番」という日本の外国人に対するステレオタイプな発想からだけでは、彼らの心をつかむことはできないのです。

今でも、国内旅行をして山間の民宿などに泊まると「戸惑う」ことがあります。夕食のときにマグロの「お造り」が登場することです。マグロは確かに「ごちそう」かもしれませんが、東京で日頃口にすることの多い旅行客にとって、わざわざ築地から運び込んできたであろうマグロの「お造り」を川のせせらぎの音を聞きながら食べることに違和感を覚えます。

外国からのお客様は日本での旅行に何を欲しているのか、宿泊施設を運営する側からのマーケティングが大切になっているのです。

シングルに、2人を無理やり詰め込むビジネスホテル

訪日外国人客も1000万人超の時代を迎え、人種はもちろん、所得層もばらばらになってきました。特に中国をはじめとした近隣アジア諸国からの観光客は、地理的な近さもあって日本への旅行が比較的低額で体験できてしまいます。

そこで、なけなしのお小遣いをはたいて日本への旅行を楽しみにいらっしゃるわけですが、海外旅行をリーズナブルに行なうためになるべく「足代＝交通費」と「泊まり賃＝宿泊費」を削りたいのは、万国共通です。

たとえば、千葉県浦安市のディズニーランド周辺のホテルには日本各地からの観光

客を含め、アジアを筆頭とした多くの訪日外国人客が宿泊します。

この浦安近辺には、「ホテルミラコスタ」のような一室一泊7万円から8万円もするようなホテルから一泊5000円程度のビジネスホテルまでさまざまな形態のホテルが軒を連ねます。

ミラコスタに代表されるディズニーリゾート認定のオフィシャルホテルに宿泊するようなお客様はホテルに入っても「ディズニーリゾートの雰囲気」を味わい尽くす目的で来られるお客様が中心ですが、足代と泊まり賃を少しでも浮かせたいお客様はディズニーリゾート周辺の安いホテルで旅費全体の圧縮を図ります。

私の知り合いはディズニーリゾートから一駅離れたエリアでホテルを経営していますが、彼のホテルに来られるお客様は、ほぼ全員が「節約組」。浮いたお金を少しでも捻出して、ディズニーリゾートでのお土産代に注ぎ込みたいというお客様が中心です。

「うちのお客様はシンプルですよ。ホテルにはほとんど滞在しません。朝は朝食もそこそこにホテルで用意したバスに乗り込み、一日中ディズニーリゾートでお楽しみ。

花火とパレードを堪能されてから へとへとで帰ってきます。そのままバタンキューなので、客室はまったく汚れません。それどころか客室内のデザインや仕様にも関心が低いので、何も高級な家具など置かなくてもいいのです」

彼らは「節約組」ですので、シングルルームでも2人、3人で宿泊します。ビジネスホテルでも最近は大型のベッドを用意するところが増えています。ベッドの大きさはベッドの幅で判断されますが、かつてはビジネスホテルのベッドは幅が90センチから110センチほどでした。しかし最近は120センチから中には140センチ幅の「セミダブル」サイズのベッドを置くホテルも珍しくなくなっています。

多少ベッド幅に余裕があれば、カップルでも乳幼児を連れた若い夫婦でもシングルルームに宿泊できるというわけです。

さてこうした「無理やり詰め込む」式のシングルルーム2人、3人宿泊ですが、さすがに欧米人などになるとやや窮屈になります。

そこで最近ではシングルタイプの部屋の大きさを今までの12平方メートルから15平方メートル程度だったものを20平方メートルから25平方メートル程度のツインタイプ

に拡大する動きがあります。これならば1ベッドでもベッド幅160センチのダブルサイズを置くことができ、欧米人の体にもフィットしますし、120センチ幅のベッドを2台並べることも可能となります。

さらには欧米では当たり前の仕様であるコネクトルームと呼ばれる2部屋をつなぐドアなどを設置することで4人、5人のファミリーやグループでの旅行客に対しても対応ができます。

日本のビジネスホテルタイプのホテルでは、これまではとにかく部屋の効率が優先され、ビジネスパーソンのような一人での宿泊には大変快適な環境を作ってきましたが、訪日外国人客のような2人または3人以上のファミリーやグループ客への対応という意味では、そうした設《しつら》えに気を配ってこなかったともいえます。

今後は、こうした部屋の大きさをやや大きくした「マルチ対応」が可能なビジネスホテルが大きな需要をつかむ時代になってくることが予想されます。そのとき、現在のシングル主体のビジネスホテルのマーケットにも、ブランド間競争に変化が出てくるかもしれません。

Airbnb の脅威

エアビーアンドビー（Airbnb）と呼ばれる宿泊システムが今、全世界で話題となっています。これは二〇〇八（平成二〇）年にアメリカ合衆国のサンフランシスコで設立された会社です。

この会社は原則として自らがホテル等を建設、所有せずに、各国にある民間人の家を宿泊施設として契約して、ネットやスマートフォン、タブレットなどでお客様に宿泊の紹介をするシステムです。

欧米人は、自分の家を他人に貸し出すことに比較的抵抗がないといわれます。空《あ》いている部屋があればそこを他人に貸すということに寛容なのです。たとえば夏休み期間中、家族でバカンスに出かけるのでその期間中は家を外国人旅行客などに有料で貸し出す。あるいは別荘や空き家で使用していない家は他人に貸し出す、といったことがごく普通に行なわれています。

さて、このエアビーアンドビー（Airbnb）ですが、現在世界192ヵ国、約3万4000もの都市で80万以上の宿泊施設と契約を交《か》わし、累計で3500万人以上のお客様がこのシステムを利用して宿泊を体験しているといわれます。

仕組みはいたって簡単です。自らが住んでいる家を外国人や旅行客に貸したい人はこのシステムと契約を結びます。具体的にはリスティングと呼ばれるリストに自ら貸したい家や部屋を登録します。登録は自分でできます。宿泊料金や宿泊に当たってのルールも家の所有者側で決定することができます。

Airbnb側はこれをサイトとして運営。お客様がつけばその宿泊料の3%を手数料として収受するものです。あとは365日24時間サポートを行なうので、空き家を貸したい、あるいは家の中の余った部屋がもったいないので運用したい、あるいは夏のバカンスシーズン中は家を留守にするのでその期間中は外国人の観光客に貸してもよい、といったお客様のニーズを見事に捕まえ、急速な成長を遂げています。

このシステムは日本にも上陸しています。ただし、日本の場合はホテルや旅館を運営する場合に適用される旅館業法という法律があり、Airbnbのシステムは旅館業法違反となるとの指摘があります。

旅館業法はホテルや旅館の運営を「業」として行なう場合、部屋の面積や食事の提供、スプリンクラーの設置、避難経路の確保などさまざまな規制が課せられています。Airbnb はそうした規制とは一切無縁なので、この仕組みを利用して売り上げ利益を確保することは「業法違反」に該当するとの考え方です。

たしかに今までルールを厳格に守ってきた宿泊業の方々から見れば、「脱法」行為であるAirbnbについて日本国内でも野放図に展開されることは、競争上も明らかにアンフェアであると感じるのは当然です。

しかし、別の考え方として、このシステムでは特段に宿泊客に食事等を提供するわけではないし、部屋の「一時賃貸借」にすぎないとの主張もあります。特に東京五輪が開催される二〇二〇年夏の東京ではホテルが不足することは自明です。現在、国ではこうした規制の柔軟な運用をたとえば東京五輪開催期間中に限り、エリアをある程度限定して展開することについて検討を行なっているようです。

また、既存のホテルや旅館での滞在に飽き足りないお客様のニーズにお応《こた》えしようと、日本の農漁村の民家に直接宿泊して、農業や漁業を実体験してもらおうという試みも始められています。

株式会社百戦錬磨という会社があります。この会社は「とまりーな」というかわいらしいネーミングでこの宿泊を仲介するシステムを立ち上げています。「とまりーな」のサイトを開くと日本のどこか懐かしい農村、山村、漁村などのきれいな写真が並び、そこで生活を営む人々と一緒に滞在し、彼らの生活を実体験できるというものです。

彼らはこれを「民泊」と呼んでおり、自らの家を貸し出す人に対しての宿泊場所の提供を呼びかけることで、観光客を呼び寄せ、地元でのイベントへの参加、地場での作業の手伝いなどを通じて、新たなコミュニケーションを作り上げようと試みています。

「とまりーな」はこうした新しい宿泊体験を提供する施設として農林水産省の定める「農林漁業体験民宿」に登録されています。これは二〇〇五（平成一七）年の農山漁村余暇法の改正によって、法に定める登録基準を満たせば、誰でも農林漁業体験民宿業者になれるという制度を利用したものです。

こうした動きは既存のホテルや旅館ではない新しいカテゴリーの宿泊施設といえ、

日本の地域社会との交流や日本文化に対する直接的な接触を望む訪日外国人客を「おもてなし」する新しい潮流として注目されます。

ＣＩＱ体制の整備

ＣＩＱ（Custom：税関・Immigration：出入国管理・Quarantine：検疫）は海外と最初に接する関所のようなものです。外国からやってくる訪日外国人客にとってはうれしいことは一つもない場所ですが、国にとっては日本に被害をもたらす、あるいは犯罪行為を水際で防ぐ大切な役目を負った部署です。

しかし、訪日外国人の急増はそれを受け入れる窓口であるＣＩＱ組織に大きなストレスを与えています。

近年のあまりの訪日外国人客の増加に税関や出入国管理などの窓口がパンク状態に陥ったのです。便によっては窓口に長蛇の列ができ、せっかく来日した訪日外国人客の第一印象を台無しにしてしまう事象が日本中のいたるところで見られるようになりました。

そこで政府は全国の港湾・空港でのＣＩＱ体制について見直しを進めており、二〇一五年には税関職員三四名、入国審査官三五名、検疫所職員二八名、動物検疫職員一〇名、植物検疫職員一一名の計一一八名の増員を決めています。特に地方空港における国際チャーター便の就航、国際クルーズ船の寄港、一時的に発生する季節需要などへの対応など機動的な体制整備を急ぐとしています。

また出入国審査スペース、チェックインカウンター、保安検査レーンの増設や拡張など空港・港湾における施設整備を計画しています。

手続きの迅速化としては、日本人に対しての自動チェックインゲートの利用の増加を図るとともに日本人出帰国検査においての顔認証技術の導入の検討を行なっています。さらに税関・入国管理においてすべての航空機旅客の予約記録の電子的な取得・活用を行なうとしています。また日本の空港での入国審査時間の短縮を図る目的で航空機で訪日する旅客に対してはその出発地の空港で事前に審査を行なうプレクリアランス（事前確認）実現に向けての検討も開始されています。

こうしたスピーディーな対応により政府は、訪日外国人の入国にあたっての審査の待ち時間を平均で20分以内にするとの目標を発表しています。

　ＣＩＱ体制の整備・強化は外国とのスムーズな交易の実施につながるだけではなく、訪日する外国人の日本に対する印象をよくする意味でも立派なサービス体制ともいえるものです。政府のこうした取組みは大いに評価されてしかるべきものでしょう。

ムスリム対応とは

　ムスリムとはアラビア語で「神に帰依《きえ》するもの」という意味でイスラム教徒のことを指します。日本貿易振興機構（ジェトロ）発行「ジェトロセンサー」二〇一四年一〇月号によれば世界のムスリム人口は二〇一〇年時点で約16億人とされます。この数は増加を続けており、同誌によれば二〇三〇年には22億人に達し、世界人口の「四人に一人」がムスリムという時代が到来することが予想されています。

　日本では一見するとムスリムの方たちとの接触は薄いように感じられますが、実態はそうでもありません。まずは日本在住者の方でムスリムを信仰する数は正確な統計はありませんが、6万人ほどいるといわれます。主な国籍はインドネシア、マレーシア、バングラデシュ、パキスタン、スリランカ、イラン、トルコ、エジプトといった国の人々です。

ただし、マレーシアやインドネシアから来たといっても、一概に全員がムスリムというわけではありません。両国とも中国系の市民も多く、その人たちは必ずしもムスリムとは限らないからです。

それでも、単純計算ですが、この両国だけで日本にやってくる人の数は二〇一四年、マレーシアで24万9000人（対前年比41・4％増）、インドネシアで15万8000人（対前年比16・0％増）にも上り、その数は年々増加するいっぽうです。

ムスリムの方々を受け入れるときに最も気をつけなければならないのが食事といわれています。イスラムの教えに詳しくない多くの日本人は、ムスリムの方は「豚肉が食べられない」「お酒が飲めない」といった程度の知識しか持ち合わせてはいません。

ところが、イスラム法では「ハラール」という概念が厳格に存在しています。ハラールとはアラビア語で「許される」「合法的な」という意味に当たります。このハラールは主に「食べることができるもの」という意味で使われます。その逆の意味として「ハラーム」という言葉があります。これは「食べることが禁じられているもの」を指す言葉です。

この「ハラール」という単語は、特にASEAN諸国などで売られている食品に表示されています。ムスリムはエジプトなど他の諸国にも多くの信者がいますが、ASEAN諸国では中華系の人々が豚肉を食することから、食品を買い求める際、特に厳格に分別する必要性から使われています。

さて、ハラールとはどんな規定なのでしょうか。それは日本人から見ればとうてい理解できないほどに厳格な規定となります。たとえばムスリムの方は豚肉を食べてはいけない。そこで牛肉を食べていただく場合でも、その牛の食べる餌に豚肉の成分などが入っていては教えに反します。

牛の殺し方にもイスラムの教えを守った方法で行なうことが必要です。また解体処理から搬送に至るまで豚肉と触れる、一緒に搬送されることがあってはならないのです。これは野菜や果物であっても肥料などに豚の糞などが使われたものでは当然「ハラーム」になってしまうのです。

食品ばかりではありません。薬品の扱いにも注意が必要です。現代の製薬方法では細菌の培養に必要な培地に豚に由来する酵素を使用するケースは多く、この考えに則《のっと》れば医薬品の多くが「ハラーム」となってしまいます。

二〇〇〇年、「味の素インドネシア」で発酵菌の栄養源を作る過程で触媒に豚の酵素を使ったことが問題となり、関係者が逮捕されたことも記憶に新しいところです。

こうしたムスリムへの対応としては今、いくつかのホテルではムスリムの方に提供する食事については「ハラール」対応の食品のみを使用することはもちろんのこと、食器、調理器具も専用のものとし、厨房も別にして対応しているところが出てきました。

またホテル内に礼拝ができる特別室を用意したり、客室内でも礼拝ができるようにマットを貸し出すなどの動きがあります。

また、医薬品や化粧品の販売にあたっても「ハラール」表示を行なうメーカーや販売店が出始めており、ムスリム対応に向けてようやくいろいろな動きが出てきています。

実は、マレーシアやインドネシアなどのムスリムの方々が日本を訪れるのに当たって最も不安に思うことが、このムスリム対応だといわれています。宗教の違いにはなかなか私たち日本人には対応が難しい側面がありますが、こうしたきめ細やかな対応がリピート客の獲得にもつながります。

特に今後は地方の空港や免税店、ホテルなどでのムスリム対応はなかなか難しい部分であるがゆえに、整備できたところがムスリムのお客様を独占できる可能性があります。外国からの集客に悩む観光地や自治体ではソリューションの一つとなるかもしれません。

観光ルートの創設

国内の観光地でお客様の集客が思うようにいかない、特にこれだけ訪日外国人客が日本に押し寄せているというのに、自分たちのところにはさっぱりやってこない、という地元観光協会の方々の声を聴くことがあります。

実際に現地に赴《おもむ》いてみると、たしかに自然は美しく、食べ物もおいしい、歴史や文化もそれなりにあってホテルや旅館等の受け入れ施設は整っているといったケースです。

以前は黙っていてもお客様は勝手にやって来た。夏は車やバスに乗ってテニスに、冬はスキーをしに大勢の若者がやって来てリフトは大行列。そんな成功体験が忘れられない観光地。自然が美しく、昔はたくさんの観光客が来て、春は咲き誇る花々を愛で、秋は紅葉、そして温泉。旅行業者とさえ仲良くしていればお客様は引きも切らずやって来たそんな温泉地。

若者が消え、何とか町起こしをしようと立ち上がっても、発想がゆるキャラとB級グルメだけでは、他の観光地と何ら変わるところがありません。悩みが深まって、そこで何とか外国人に来ていただけないか、となるわけです。

しかし、こうしたご相談で欠落しているのは、そのほとんどが「自分たちのところはこんなに良いところなのに」という自慢や自信がいたずらに先行するあまり、自分たちの置かれているポジショニングを見失いがちであることです。

どういうことかといえば、訪日外国人客の立場に立って物事を考えていないということです。

外国から「わざわざ」日本にやってくるというのは、航空輸送が発達した現代にあってもそれなりに大変なことです。それは、私たちが外国に出かけるときでも同じことです。日本では外国に出かけることを「海外旅行」と呼びます。海の外なのです。日本は島国ですから陸上をつたって外国に行くことはできません。その分、「海」という広大なバリアーを越えていかなければならないのです。

訪日外国人客も、いきなりバスや車ではやって来てくれないのです。そのほとんどが空からやって来ます。それなりの苦労をしてやって来た日本なら、

「一番良いものを見てやろう」

というわけです。

私がよくそうした相談に対して申し上げるのが、

「外国人が日本に来て一番行きたいところはどこだと思いますか？」

と問いかけることです。

初めて日本にやって来た外国人が訪れるのは圧倒的に東京であり、続くのが大阪、京都です。また、一部のお客様は北海道や沖縄に行く。日本人にどんなに馴染《なじ》みのある観光地でも最初に訪れる観光地というのは、数少ないのです。

それであるならば、代表的な訪問地である、東京、京都、大阪の「ルート」上にその都市なり観光地があれば、訪日外国人客は狭い日本国内では鉄道やバスを使って移動しますから、ルート上を移動するお客様を捕まえればよいのです。

最近、訪日外国人客の急増で活況を呈する浜松はまさに東京、富士山、大阪というアジア人、とりわけ中国人観光客お好みのゴールデンコースの中間地点に位置しています。

ルート上になければ、ルートを少し変えてでも訪日外国人客に立ち寄っていただけるようなアピールポイントを用意しなければなりません。

飛騨高山は、茅葺き屋根の民家だけでなく、田んぼまでをも観光資源にしてしまったといいましたが、実は飛騨高山だけでは訪日外国人客を惹《ひ》きつけるのは困難です。高山という地を名古屋、金沢の間にポジショニングする観光地として、外国の旅行業者に広く発信をし続けたことが、活況の原因とも言われています。

名古屋にはセントレアという国際空港に大量の外国人が降り立ちます。金沢や大阪に向かう前に、高山に寄っていただこうというものです。

このように、自分の場所だけを目的に訪日外国人客はやって来てはくれないのです。簡単にいえば「ついでに立ち寄る」ための仕掛けづくりからスタートすることが肝心です。

しかし、たとえ「ついで」であっても、その場所が本当に外国人のハートに刺されば、大化けだってするのです。先述した山梨県富士吉田市の下吉田駅も、おそらく富士山が見たくて、うろうろしていたタイ人カップルがたまたま見つけてくれて、これをツイッターに呟《つぶや》いたことからスタートした観光地と思われます。

訪日外国人客は日本国内の地理や交通については門外漢です。ならば、こちらから誘導してあげる「ルート」を策定することです。ルートを作ることによって彼らがこのルートに沿って行動してくれれば、必然として滞在期間も長くなり、その結果として地元にお金を落としてくれるようになるのではないでしょうか。

政府もこのルート化について積極的に働きかけを行なっています。二〇一五年六月、観光庁は複数の都道府県を跨って、訪日外国人客が周遊できるテーマ性、ストーリー性を持った観光地をネットワーク化すべく7つのルートを認定しました。【図表⑰】

これらのルートは同年四月に観光庁より地方公共団体・観光関係団体・民間事業者等で作られる協議会などに対してアイデア募集をしたものの中から選定されたもので、認定を受けるとそれらの事業者が推進する事業の費用を一部、国が負担することとなっており、そのための予算として3億400万円が計上されました。

しかし、このルートを眺めてどちらかといえば「総花」的な印象を受けるのは、役所のお仕事としてはやむを得ないところがあるのかもしれません。北海道から九州までを満遍なく取り上げなければならなかったのでしょうし、このルートの選定には訪日外国人客の目線があまり感じられない気がするのは、私だけではないような気がします。

ただ、こうした「ルート」化の発想はきわめて大切です。どうしても町単位、ある

図表⑰ 広域観光周遊ルート形成計画観光庁認定ルート

ルートの名称（英訳含む）	申請者
アジアの宝　悠久の自然美への道 ひがし　北・海・道 Hokkaido-Route to Asian Natural Treasures	「プライムロードひがし北・海・道」推進協議会
日本の奥の院・東北探訪ルート "Exploration to the Deep North of Japan"	東北観光推進機構
昇龍道 SHORYUDO	中部（東海・北陸・信州）広域観光推進協議会
美の伝説 THE FLOWER OF JAPAN, KANSAI	・関西広域連合 ・関西経済連合会 ・関西地域振興財団
せとうち・海の道 The Inland Sea, SETOUCHI	・瀬戸内ブランド推進連合 ・瀬戸内観光ルート誘客促進協議会
スピリチュアルな島～四国遍路～ Spiritual Island ～SHIKOKU HENRO～	四国ツーリズム創造機構
温泉アイランド九州　広域観光周遊ルート Extensive sightseeing route of 'Onsen Island' Kyushu	九州観光推進機構

出所：観光庁ＨＰ

いは都道府県単位でしか物事を考えない傾向がある自治体が、国の音頭とりもあり、「広域」に連携して訪日外国人客を呼び込もうという試みについては、今後の成果に注目していきたいと思います。

また、国の認定を受けずとも、各観光地が互いの知恵を出し合って、連携して訪日外国人客が楽しく日本国内を旅行できるための「観光ルート」の整備に積極的に知恵を出し合っていきたいものです。

これはただ「ルート」を作るだけで終わりではなく、言葉の問題や食事、交通機関など外国人の目線に立っての整備が求められるところです。今後の進展が楽しみです。

第五章

地方創生の切り札として

「作りすぎ」地方空港が切り札に

日本に空港がいくつ存在するかと聞かれると正確に数を答えられる人は少数です。都道府県に一つはあるかもと思い、50ヵ所くらいと答える人が多いのですが、実際は国土交通省によれば、日本国内には現在97の空港が存在しています。【図表⑲】

羽田や成田、関空、セントレアといった空港は日本の空の玄関口ということで海外に開かれている印象がありますが、今や多くの地方空港に直接、訪日外国人客がやってくる時代になっています。

地方空港はかつて「作りすぎ」、「無駄な公共工事の象徴」としてメディアに叩かれ続けました。首都圏にできた新しい空港として二〇一〇（平成二二）年に開港した茨城空港は、開港当初はほとんど飛来する飛行機がなく、空港を訪れる人も全員が地元民で、自衛隊の航空機を見るためにやってくるなどと揶揄《やゆ》されたものです。

ところがこの茨城空港、現在では中国の上海や深圳《しんせん》などに定期便を就航させ、ベトナムやミャンマーとのチャーター便なども扱うようになっています。

今や茨城空港は、東京に近接する空港として多くのアジアを中心とした訪日外国人客が利用するようになっています。

静岡県にある富士山静岡空港は「最後の地方空港」とも呼ばれ、メディアの話題になった空港です。この空港、二〇〇九（平成二一）年三月の開港予定が、空港近隣の伐採対象外だった樹木の高さが航空法に抵触するとして伐採を命じられ、その経緯を巡って当時の石川知事が辞任することにまで発展したことからメディアでも大きく取り上げられました。

伐採が完了した同年六月にようやく開港にこぎつけましたが、開港当初はフライトも少なく、「いったい何のために作ったのか」と、やはりメディア等からは厳しい批判を受けました。実際に開港当初はリーマンショックや東日本大震災などで、予定していた国際線も欠航が相次ぎ、空港自体が厳しい運営を余儀なくされました。

しかし、当時はあまり取り上げられませんでしたが、この空港は訪日外国人客にとって日本観光の最大の目玉である「富士山」という観光資源を持っていたのです。訪日外国人客は「空」からやって来ます。富士山静岡空港は富士山に一番近い空港として大いなるアドバンテージを保有することになったのです。

出所：国土交通省航空局

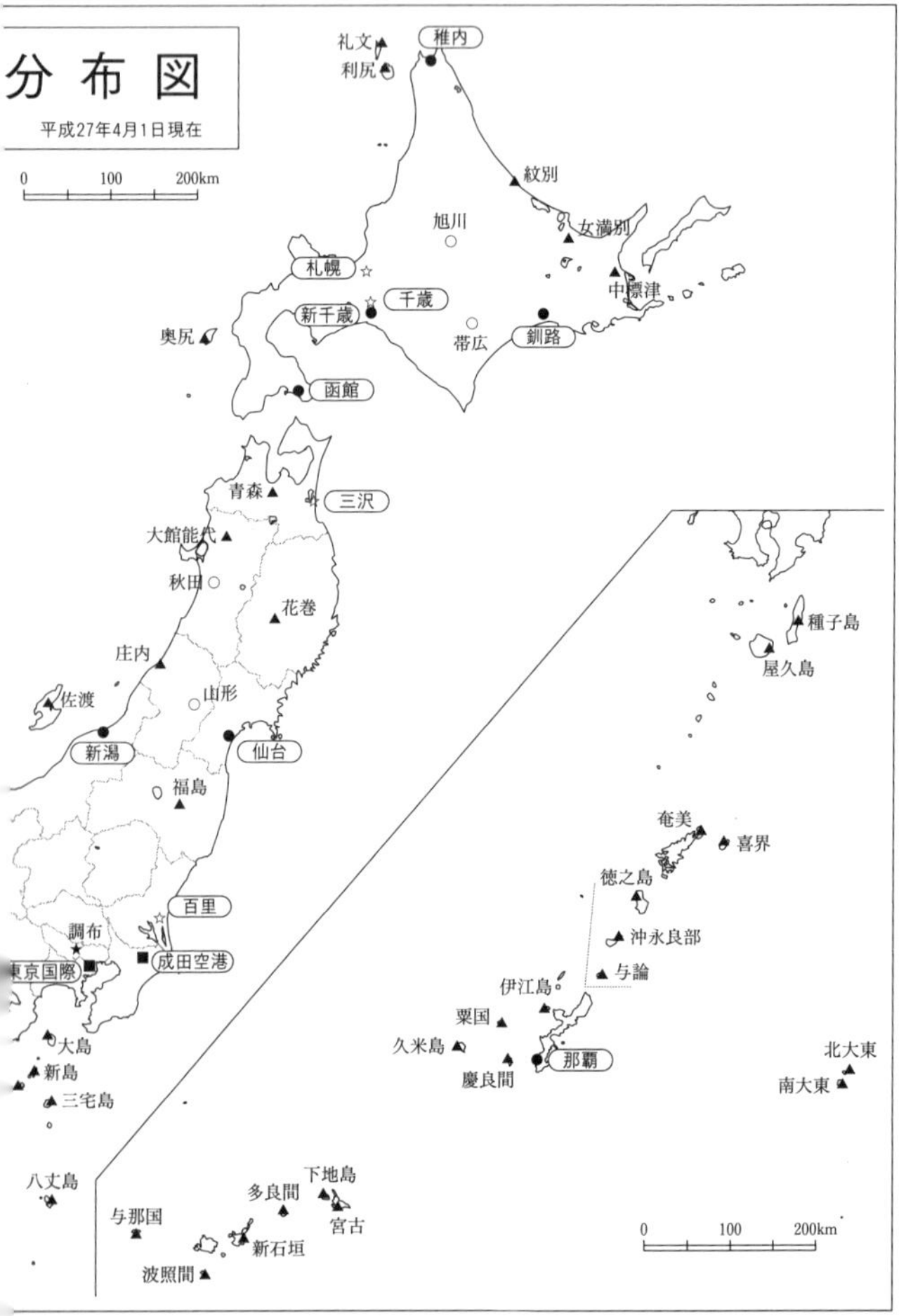

分布図
平成27年4月1日現在
0
100
200km
礼文
稚内
利尻
紋別
旭川
女満別
札幌
中標津
千歳
新千歳
奥尻
帯広
釧路
函館
青森
三沢
大館能代
秋田
花巻
庄内
佐渡
山形
新潟
仙台
福島
百里
調布
東京国際
成田空港
大島
新島
三宅島
八丈島
種子島
屋久島
奄美
喜界
徳之島
沖永良部
与論
伊江島
粟国
久米島
那覇
慶良間
北大東
南大東
下地島
多良間
与那国
宮古
新石垣
波照間
0
100
200km

図表⑱ 空港分布図

種　別	供　用	滑走路長 2,000m以上	未供用
A 拠点空港	28	28	0
①会社管理空港 ■	4	4	0
②国管理空港 ●	19	19	0
③特定地方管理空港 ○	5	5	0
B 地方管理空港 ▲	54	30	0
C その他の空港 ★	7	1	0
D 共用空港 ☆	8	7	0
合　計	97	66	0

A「拠点空港」とは、次の①～③に掲げる空港をいう。（空港法（昭和31年法律第80号。以下「法」という。）第4条第1項）
　①「会社管理空港」とは、会社が設置し、及び管理する空港をいう。
　②「国管理空港」とは、国が設置し、及び管理する空港をいう。
　③「特定地方管理空港」とは、国が設置し、地方公共団体が管理する空港をいう。
B「地方管理空港」とは、地方公共団体が設置し、及び管理する空港をいう。（法第5条第1項）
C「その他の空港」とは、空港（法第2条）のうち、「拠点空港」、「地方管理空港」及び「公共同ヘリポート」を除く空港をいう。
D「共用空港」とは、自衛隊等が設置し、及び管理する飛行場をいう。（法附則第2条第1項）
（注）
＊1　礼文空港は、平成21年4月9日から平成33年3月31日まで供用を禁止。
・公共用ヘリポートは除く。
・図中の◯印は供用中の会社管理空港、国管理空港及び供用軍港を示す。
・空港名がゴシック体となっている空港は、滑走路長が2,000m以上であることを示す。

空港

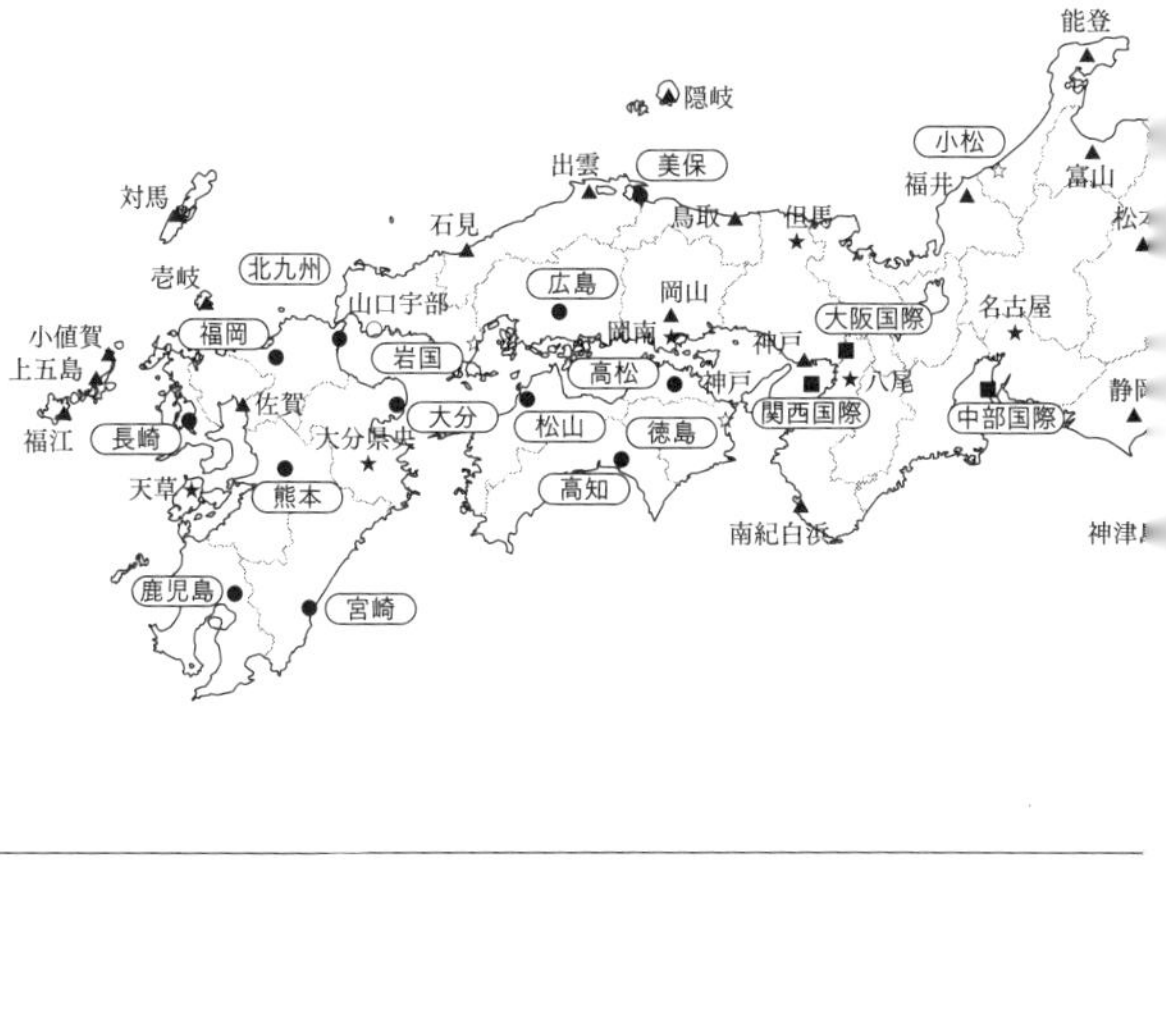

現在富士山静岡空港は、中国からの観光客の拠点空港としてその力を遺憾なく発揮しています。中国本土とは上海、西安《せいあん》、天津《てんしん》などの主要7都市に加え、二〇一五年七月からは温州《おんしゅう》、長沙《ちょうさ》、杭州《こうしゅう》、南京《ナンキン》などから週2便の就航が決定しています。

中国を中心に台北《タイペイ》、ソウルにも就航、さらに那覇や新千歳ともつながっていますので、この空港を経由して沖縄や北海道にも足を延ばせるようになっています。先述した観光ルートの形成です。

たしかに日本国内に97もの空港を作るという行為は、国土の狭い日本ではあまり生産的な公共工事とは映りません。特に水準の高い鉄道網が全国に張り巡らされ、快適な高速道路も網羅されている状況からは、地方空港の建設は無駄な公共投資の代表格に挙げられても不思議ではありません。

しかし、これは日本国内という限られた需要だけからの発想です。訪日外国人客が空からやってくる、というこの一点だけを取り上げてみても、空港は日本の空だけではない、全世界に広がる玄関口でもあるのです。

私はこの「作りすぎてしまった」日本の地方空港が今こそ日の目を見るときである

ことを確信しています。

作りすぎたと批判しても、作ってしまったものは仕方がない。取り壊すにしても相当の費用がかかる。ならばこの空港をどのように利用していくかを考えるべきなのです。

年間1000万人から2000万人へ、さらには3000万人を目標とする訪日外国人客を受け入れるためには、成田や羽田、関空といった基幹空港の滑走路だけでは心許ないです。基幹空港における現在の滑走路では3000万人の受け入れは不可能だという指摘もあります。指摘の根拠は、こうした基幹空港の滑走路の数と飛ぶことができる飛行機の設定可能便数と座席数だけを計算して導き出したものにすぎません。

ところが、97もの「作ってしまった」地方空港を訪日外国人客の受け皿として活用することで、受け入れ可能数は飛躍的にアップすることになります。

また、日本を訪れる訪日外国人客もリピーターが増えるのにしたがって、東京、京都、大阪といった「メジャーどころ」から離れて日本国内の奥深くへ足を踏み入れていく傾向にあります。

そうした意味で今後は中国や台湾だけでなく、経済発展の著しいＡＳＥＡＮ諸国からの便も呼び込むことで日本の地方に直接やってくる外国人の受け入れに地方空港は大きな役割を果たすことになるはずです。

10年前とは時代が異なり、意外や意外、これからは「地方空港の時代」の到来なのです。

ＬＣＣが切り開く地方の未来図

ＬＣＣ（Low Cost Carrier）が日本でも認知され始めました。日本語では一般的に「格安航空会社」と呼ばれています。

ＬＣＣの台頭は、アメリカやヨーロッパでの航空規制の緩和が発端となっています。アメリカのサウスウエスト航空はその代表的な事例で、一九七〇年代から近距離を低運賃・高頻度で運航する航空会社としてアメリカ南西部を中心に勢力を拡大しました。このサウスウエスト航空の革新的経営手法は、アメリカの多くのビジネススクールでの教材にもなっています。

ＬＣＣは充実した運航ネットワークや多彩なサービスを提供する既存の航空会社とは一線を画し、特定区間に絞り込んだ路線で、使用機材を統一、大都市周辺の二次的空港を利用し、使用料の安いＬＣＣ専用のターミナルなどを使って運航コストの節減を図っています。

また機内サービスも最低限度のものにとどめ、機内食は提供しないか有料とする、航空券の販売もインターネットを基本とする、社員も契約社員を主体とするなど徹底したコスト削減の上で低料金での運航を可能としています。

ＬＣＣは短距離、中距離の飛行機による運航が基本ですので、日本から見ればもともとＬＣＣが盛んだったアメリカやヨーロッパとはＬＣＣではつながることはありませんでした。

しかし、二〇〇〇年代に入って中国やＡＳＥＡＮの経済が急成長をみせ、訪日外国人客が激増する中でこのＬＣＣは強力な飛行ツールとして脚光を浴びるようになりました。

中国の代表的なＬＣＣである春秋航空をはじめジェットスター、エアアジア、タイガーエアなど多くのＬＣＣが日本への乗り入れを開始しています。

初期の頃こそ、どちらかといえば既存航空会社の至れり尽くせりのサービスに慣れきっていた日本人にとって、ＬＣＣは「安っぽく」感じたものでしたが、実際に利用してみると問題は意外に少なく、安全性も十分確保されていることに気づくにしたがって、低料金の魅力とあわせて、日本でも国内ＬＣＣが急速に普及していきました。

このように考えると、今後の訪日外国人客３０００万人時代を想定するに、アジア近隣諸国から日本を訪れる多くのお客様に、ＬＣＣを利用していただくことで直接地方空港に呼び入れる体制を地方自治体や旅行・観光関連業界はさらに整備していくことが課題となっています。

ＬＣＣを使って地方に訪日外国人客を呼び入れることは、地方の活性化に直結します。また、地方空港間でＬＣＣを就航させることで、地方都市間の人の動きを補完することが可能となり、広域にわたって日本中を周遊する訪日外国人客の足ともなりえるのです。

そうした意味で、ＬＣＣは地方を活性化させる一つの切り札ともなりえる存在です。

アジアからのお客様を招く手段としてのＬＣＣ、そして日本国中を飛び回る安くて便利な手段としてのＬＣＣが今こそ必要とされているのです。

「空」の駅構想

国内を車で移動する場合、幹線道路沿いの多くに「道の駅」という施設を目にするようになってしばらくになります。

この道の駅とは国土交通省が認可する施設で、現在全国に１０００ヵ所以上が展開されています。

道の駅の歴史はまだ浅く、一九九三（平成五）年、国土交通省により認可された全国１０３ヵ所の施設が最初といわれています。

従来、高速道路などにはサービスエリア（ＳＡ）やパーキングエリア（ＰＡ）といった24時間利用が可能な休憩施設がありましたが、一般道路沿道においては普及しておらず、地元の商店などが経営するレストランや売店などの機能を持った「ドライブイン」が存在する程度でした。

これらの施設は、飲食や買い物といった要素は満たされるものの中小の業態のものが多く、駐車場が狭い、営業時間がバラバラで深夜営業は基本的には行なわれない、お店によるサービス内容もまちまちなど問題が多く、また交通情報や地域に関する情報発信などの機能が得られる施設はほとんどない、といった状態でした。

そこで、一九九〇年頃より広島市などでの社会実験を通じて、「道の駅」構想が具体化されたのです。道の駅は誰でもが開設できるというわけではなく、いくつかの要件を備え、かつ国土交通省が認可したものに限って認められる施設となりました。

具体的には、24時間対応ができる駐車場や電話の設置、地域などの情報発信機能を持った施設の設置などが義務づけられています。最近では地域の農産物の直売所、地域で採れた食材などを利用したレストラン、温泉大浴場、伝統工芸品作りなどを体験できるコーナーなど、地域によって特色を生《い》かした駅作りが行なわれ、今や観光客にとって、旅には欠かせない身近な存在となっています。

こうした道の駅が成功した大きな理由は「お客様が通る場所」に「お客様が必要な、あるいは興味を持つような品物やサービス」を「一堂に集めて提供した」ことにあります。お客様が必要とする機能をサービスとしてわかりやすく展開したことによって、「ワンストップ」でお客様のニーズを満たす、そんな施設になったことが道の駅の成功要因なのです。

さて、激増している訪日外国人客はどうでしょうか。彼らは大型の観光バスなどに乗ってやってくるので、もちろん道の駅でお迎えすることも可能ですが、考え方を変えてみると、彼らはほぼ全員がまずは飛行機で日本にやって来ます。そしてＬＣＣが発達した現代にあっては、必ずしも成田や羽田、関空といった国際空港ばかりでなく、地方空港に直接乗り付けてくるようになっています。

彼らが必ず通過するゲートウェイは、実は地方空港なのです。

ならば「道の駅」と同じ理屈が成り立たないでしょうか。「空の駅」です。

地方空港のターミナルには今でもお土産物屋とレストランなどが多少は存在しますが、どちらかといえば国内観光客の「買い忘れ」や時間の制約があって忙しいビジネスパーソン向けに名産品の販売や飛行機出発前の時間つぶしのためのレストランを用意している程度というのが実態です。

これを外国人が好む品揃えにして「免税品」として販売するのです。したがって必ずしも地元の名産品でなくとも、免税対象となる電化製品や化粧品、サプリメントでもよいかもしれません。

特に今後、地方空港が外国と地方空港を結ぶためだけの1対1の路線ではなく、地方空港からさらに他の地方空港に乗り継いでいく「ハブ」としての役割が増えてくれば地方空港における「空の駅」の役割は飛躍的に増大することになると考えられます。

ハブ機能の充実は、たとえば空の駅に新たに宿泊機能を持ち合わせたホテルとしての展開が可能となってきますし、空港周辺も含めて新たな買い物や周遊ニーズが創出されてくる可能性があります。

さらに現在、道の駅で評判の良い地元の野菜や果物などの生鮮品なども訪日外国人客に「直販」することで地元農家にとっての新たな収益源にもなるかもしれません。

日本の農産物は国際的にもきわめて「高品質」であり、最近は国内のみならず、中国や香港などのアジア市場でも高い評価を得るようになっています。

しかし、農家の方々にとっては自らが育てた野菜や果実を、「香港で売れる」からと言って、香港に持っていく方法を全員が知っているわけではありません。商社が介在すればまだしも、彼らは情報としては聞き知っていたとしても、具体的なアクションを起こすには、外国という領域はとてもハードルが高いのです。

そこで、「空の駅」を地域のおいしい野菜や果実の輸出基地として位置付けるのはどうでしょうか。地元の農家の方々に対しては今まで「道の駅」に軽トラックなどで新鮮な野菜や果実を運んでいたのと同様に、今度は地元の空港まで運んでくれればよいとするのです。

「空の駅」では集まった野菜や果実を訪日外国人客に直販するだけでなく、地方空港にやってくる中国や台湾、香港やタイといった国々からバイヤーを呼び集めて「空の駅」で買い付けてもらうのです。

これならば農家の方々に貿易に関する知識がなくとも、自らの野菜や果実を地方空港に運んでいくだけで、外国の食卓に載せることができることになります。

この構想は何も農産物に限らず、海産物や地方の名産品など何でも、まずは地方空港に「持ち込む」体制を整えれば叶《かな》うものとなります。そのためには、地方空港におけるＣＩＱ体制の整備は不可欠なものとなります。

このような事業の展開は「ただ通過する」だけだった地方空港というゲートウェイを、一大商業・貿易拠点に「格上げ」することにつながります。今後、多くの地方空港で計画整備されることを願っています。

新幹線が観光客輸送の重要パイプに

訪日外国人客は「空からやってくる」ために地方空港の役割が今後飛躍的にアップする、と言いました。

しかし、一方で日本の国土は狭く、アメリカのように都市間距離が離れているわけではありません。日本国内での単距離の移動であれば、日本国内に縦横にめぐらされた鉄道網を利用しない手はありません。

この移動手段の代表格が新幹線です。新幹線は二〇一五年春、ついに北陸新幹線が金沢まで開通し、新幹線が通る富山や金沢といった北陸を代表する地方都市はたくさんの観光客で賑わいました。

新幹線の開通は、それまで新幹線という交通手段がなかった地域にとっては「悲願」である一方で、一部の都市では新幹線ができた結果、多くの市民が新幹線を利用して東京に出て行ってしまうという「ストロー現象」を引き起こしたりもしています。

これは地方に観光に来ようと思う東京の人よりも、圧倒的に「東京に憧れる」地方の人、特に若者に多く、彼らがやっと開通した新幹線に乗って東京に出かけ、果てはその魅力に憑《と》りつかれて、地元に帰ってこなくなる事象を指すものでした。

ところが、今やこの新幹線に外国人が「てんこ盛り」になっているのです。新幹線利用者の中で外国人が占める割合については正確なデータがありませんが、東京から京都、そして新大阪に向かう東海道新幹線は、従来の外国人ビジネスパーソンのみならず、大勢の訪日外国人客が乗車するようになっています。

日本は新幹線を利用すれば北は新青森から南は九州鹿児島まで高速で移動することが可能です。また、秋田や山形、新潟、長野、金沢といった日本海側へ向かうアクセスも確保されています。

日本に馴染み始めた外国人は、この超高速輸送手段である新幹線を今や自在に使いこなしているのです。

そういった意味では地方空港と同様に、新幹線の駅構内がいまだに国内観光客中心の目線での「品揃え」を行ない、訪日外国人客に目を向けたお店が少ないように感じられます。今後は駅構内における免税店の設置、外国人が困らないインフォメーション機能の充実など、多くの課題があるものと思われます。

ＪＲ各社も訪日外国人客の利用を見越して、「ジャパンレールパス」などの周遊チケットを充実させるなどの対応策は採用しています。また東京メトロは外国人がスマートフォンなどで、乗換方法を検索できるアプリを配信し、観光情報などとあわせての情報提供を行なっています。さらに二〇一四年一二月からは都営地下鉄などと共同で地下鉄線内において利用できる無料Ｗｉ－Ｆｉサービスなども展開しています。

外国人が新幹線などの鉄道網を熟知して、国内各地を旅することで日本の鉄道駅の在り方にも変化が出てくる可能性があります。残念ながら日本の新幹線の駅はどの駅に降り立っても、同じような無味乾燥な駅舎と、駅名を見なければどこに自分がいるのかさえもわからないような、判で押したように同じデザインの駅前ロータリーばかりです。

ぜひ外国人をお迎えする玄関口の一つとして、駅および駅前の設えを考え直していただきたいものです。国内観光客ももちろん大切なお客様ですが、外国からのお客様は地域に新たな需要を運んでくれる存在だからです。

旅行は点でするものではなく、面で「感じていく」ものだといわれます。旅の過程での重要な通過点である新幹線をはじめとした鉄道路線の各駅も今後、訪日外国人客の受け入れ窓口としてきわめて重要になることを認識していきたいものです。

地方ターミナル駅前が再び町の中心に

地方都市の中心部が衰退しています。かつては賑わいのあった町の中心部の商店街は店主およびお客様の高齢化とともに、シャッター通りに変貌。またモータリゼーションの進展により、地方都市の働き手の多くはその都市に進出してきた勤め先の工場などにより近い、地方都市郊外に居住をするようになりました。

その結果として、若い世代を中心とした住民は、都市郊外の大型店で買い物をし、地方幹線道路の沿道に建ち並んだ量販店や飲食チェーンで用事を済ませる、そのために都市中心部はどんどん衰退する、こんな構造になっているのが、多くの地方都市で見られる現象です。

以前は地方の県庁所在地や少し大きな都市に行けば、鉄道駅の前には必ず百貨店がありました。それは有名百貨店の出店である場合もあれば、地元資本の経営によるお店もありました。

ところが、人口の減少および急速な高齢化と、都市郊外への人口の拡散により、百貨店は次々と閉店を余儀なくされました。百貨店はそれぞれの都市の「町の中心部」といわれる一等地に店を構える場合が多かったので、閉店した後の建物はメディアなどから「町の衰退」の象徴と書かれました。

地元行政としても町の一等地の建物が「がらんどう」ではみっともないということで、その活用の仕方に頭を悩ましているところです。

ところが、たとえば建物の低層部は地元の名産品を売る販売フロアなどにできても、やっかいなのが建物の上層部です。名産品だけでは、百貨店のような「品揃え」は望むべくもありませんので、どうしても百貨店という売り場は「広すぎる」のです。多くの自治体はここで思考が停止してしまい、建物の上層部は「がらんどう」のまま、というのが駅前百貨店跡の再利用の実態です。

そこで、激増する訪日外国人客をこの駅前百貨店跡に呼び入れるという作戦はどうでしょうか。百貨店建物の上層部をホテルにコンバージョン（用途変更）するのです。百貨店はもともと地方都市の駅前のような一等地に立地していますので、鉄道でこの町を訪れる外国人には「わかりやすい」立地です。

建物の上層部をホテルとして宿泊していただく。低層部の名産品販売コーナーでお土産を買っていただく。建物の上層部に客を集めて、降りてくる客を店舗等で捕捉する。これは百貨店などで広く知られるセールス手法で「シャワー効果」などと言われます。

百貨店をホテルにコンバージョンすることは可能でしょうか。もちろん建物用途が変更となるので変更するための各種手続きは必要となります。また、百貨店はフロアプレートが広いので、ホテルの客室を建物の外壁沿いに並べるとフロアの中心部が「空《あ》いて」しまいます。

ところが、多くの百貨店の構造はフロアの中心部は「吹き抜け」を作ったり、エスカレーター等を設置して上下階の移動のためのスペースとしていますので、これを利用して、吹き抜けとして演出したり、移動用のエレベーターなどを新たに設置したりすることができます。

避難用の階段はもともと百貨店なので、広くて十分な階段が存在しています。防火対策も厳しく、スプリンクラーも設置され、また大勢のお客様を迎えるために床荷重にも余裕がある、エントランス回りも立派に作られているなど、ホテルにコンバージョンするには実は、「格好の」建物なのです。

問題は百貨店という業態の性格上、建物にほとんど窓がないというところですが、外壁の仕様にもよるものの、外壁に窓を設置することはそれほど難しい作業ではありません。

こうしたコンバージョンを施し、町の「やっかいもの」と成り果てていた百貨店跡を外国人をはじめとした観光客向けのホテルにすることで、町の受け入れ態勢が整うというものです。

ホテルやお店等が町の中心部にできてくれれば、そこに新たな雇用が生まれます。このことが都市中心部の活性化につながってくれれば、現在各自治体が計画している町の中心部に人を集める「コンパクトシティ」化への起爆剤ともなってくるのではないでしょうか。

訪日外国人客は、都市郊外のチェーン系レストランよりも、その町に息づく地元の食材を生かした郷土料理に舌鼓を打ち、量販店ではなく、地元の伝統工芸品に「キュート！」「ワンダフル！」「クール！」と歓声を上げてくれるのです。

地方都市中心部の活性化のカギの一つは、訪日外国人客にあるのです。

ワタシをスキーにツレテイッテクダサイ

北海道の新千歳空港から電車またはバスで約2時間半のところに、ニセコという町があります。ニセコはアイヌ語で「切り立った崖」を意味しますが、この近辺は以前「狩太町《かりぶとまち》」と呼ばれていたものが一九六四（昭和三九）年に現在の「ニセコ町」になったものです。

さて、このニセコですが、以前より隣接する倶知安町《くっちゃん》と並んで道内屈指のスキーリゾートとして栄えてきました。地区内には六ヵ所のスキー場があり、「パウダースノー」と呼ばれる雪質の良さは日本国内に数多くあるスキー場の中でも群を抜いています。

また羊蹄山《ようていざん》に代表される抜群の景観と地域で栽培される新鮮な野菜、湯量の豊富な温泉といった観光要素が満載です。

ここに目をつけたのが外国人でした。【図表⑲】

次の表は二〇〇四年から二〇一四年までのニセコ町における外国人宿泊延《の》べ数の推移を示したものです。二〇〇四年にはわずか1万3833人にすぎなかったその数は10

図表⑲－① ニセコ町における外国人宿泊者数推移

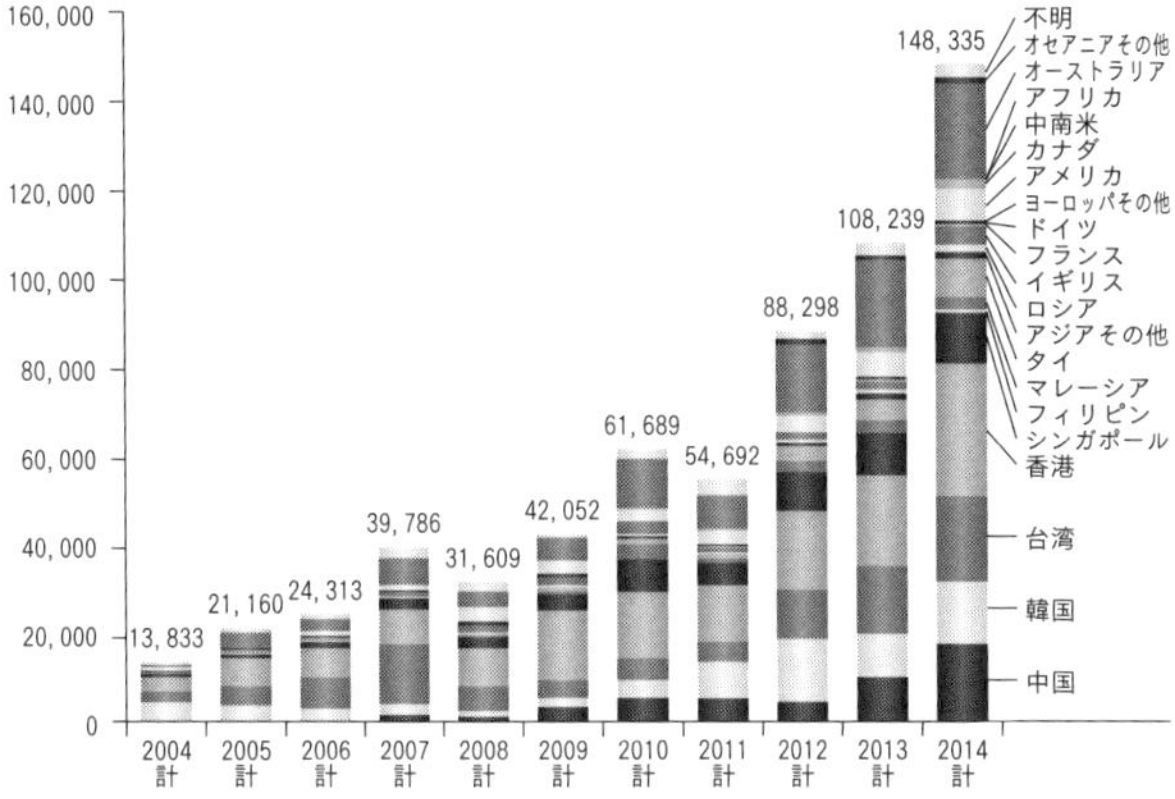

出所：ニセコ町HP

図表⑲－② ニセコ町における外国人宿泊者国別内訳(2014年)

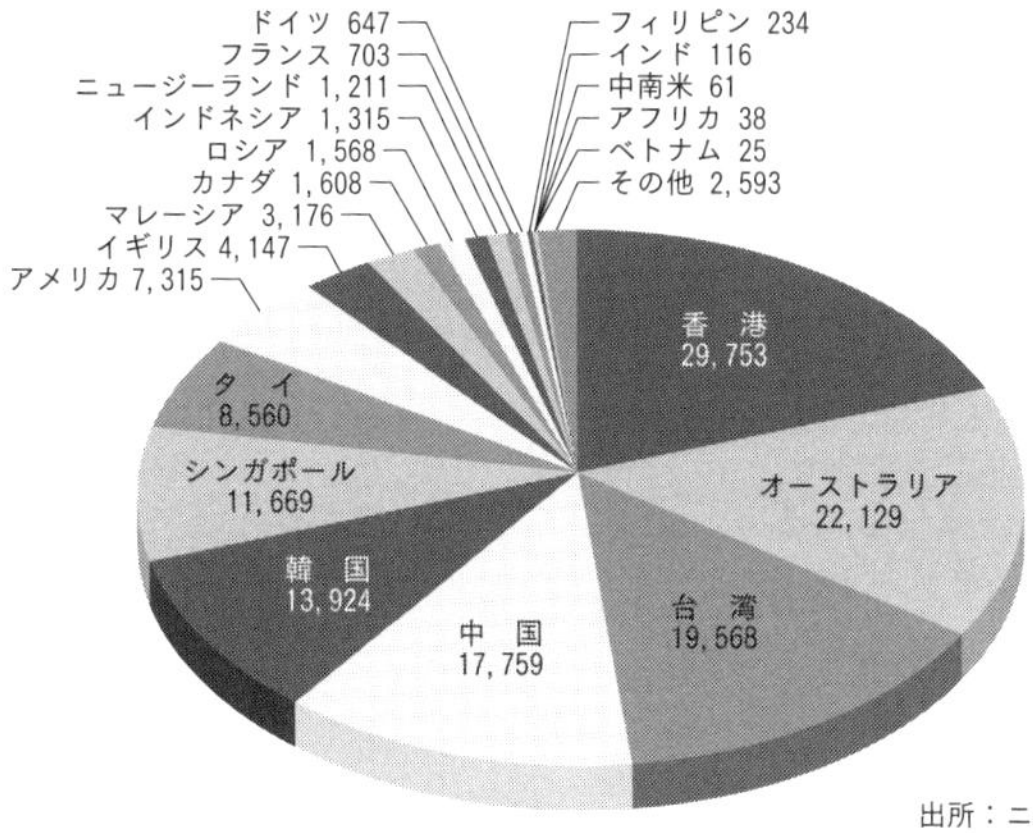

出所：ニセコ町HP

年後の二〇一四年には約10・7倍に相当する14万8335人に激増しています。

外国人の内訳は香港、台湾、中国といった中国系だけでなく、オーストラリアやアメリカなどにも人気があり、町内の道路標識やレストランのメニューも英語表示が目立ちます。

訪日外国人客がこれだけ増えた理由は、パウダースノーに魅せられたことたちばかりではありません。それまではどちらかというとニセコ＝スキーリゾートという感覚が大きかった印象をがらりと変えたのが、夏のスポーツです。そしてこれらを考案して世界中に発信していったのは実は日本人ではなく、この地を訪れた外国人が中心であったと言われています。

たとえば、ニセコで春から夏にかけて清流「尻別川《しりべつ》」で行なわれるラフティングと呼ばれるスポーツがあります。ラフティングとは、ラフトと呼ばれるゴムボートを使って激流を下るスポーツです。アメリカが発祥の地と言われていますが、ニセコではオーストラリア人が現地でラフティングをはじめ、これがネットや口コミで急速に伝わって夏を代表するスポーツとして認識されるようになりました。同様にカヌーやトレッキングなど「夏も楽しいニセコ」は実はその多くが、この地を訪れる多くの外国人たちの手によって広められたのです。

訪日外国人客の激増は、街にいろいろな副産物をもたらしました。

定住する外国人が増加したのです。二〇〇五年、ニセコ町に住む外国人はわずかに10名でした。町全体の人口4669人のうちわずか0・2％です。ところが二〇一五年六月現在、その数は107名と約10倍に増加し、全体人口4886人に占める割合は2・2％に及んでいます。

移住してきた外国人は、次々とニセコの土地を手に入れています。羊蹄山を望むエリアなどは大変な人気で、オーストラリア人のほか最近では香港人、中国人などのアジア勢が手に入れた土地の上に瀟洒《しょうしゃ》な別荘を建設しています。

訪日外国人客を呼び込むための仕掛けは、「外国人目線」で行なうことが重要です。ニセコ町では定住する外国人を積極的に役所に採用しています。外国人から見たニセコ町の魅力を発信することで、さらに外国人を呼び込む。この地道な活動を通じた好循環の実現が訪日外国人客に支持される最大のポイントなのかもしれません。

ヘリコプターの活用

以前、国内のある山岳地帯でリゾート開発の仕事に携わっていたときのことです。この地は最寄りの鉄道駅からはかなり距離があり、車でのアクセスが唯一の手段でした。

しかし、景観は見事。雄大な山並みと鬱蒼《うっそう》とした原生林、そして神秘的な湖。冬は寒さが厳しいものの春から夏、秋にかけては、かつては観光客が引きも切らずに押し寄せていました。

ところが、最近の、特に若い方々は車で観光に出かけることが少なくなりました。客足は以前よりも遠のき、リゾート地としてはやや価値が「下がり気味」のエリアでもありました。

この地における観光の再生のお手伝いをした際に、偶然にも私たちが再生プランを練っていた地の隣りの古びたホテルを買収した会社がありました。これだけ厳しい状況の中でホテルを買収する先はどこだろうと思い、調べてみると驚いたことに買い手の会社の社長は外国人。しかもネパール人だったのです。この方は日本国内でも幅広くビジネスをなさっている方でしたので、日本国内のことはよくご存じのはずですが、またずいぶんと思い切った決断をされたものです。そこである知人を通じて、このホテルを買収したそのネパール人社長にヒアリングを行なうこととしました。

ヒアリングによれば、彼らの計画はホテルをコンバージョンしてアーユルヴェーダというインド式の療法を施術する道場を作ろうというものでした。アーユルヴェーダは病気になりにくい体質を作るというインド古来の療法で、日本でも若い女性を中心に人気があるものでしたが、わざわざ山奥深くのこの地で道場を開くという計画にはあまりにも交通アクセスが弱いように感じられました。

「車でしか来られないこの地でどうして道場を？」

という質問に対して彼は驚くべき発言をしました。

「えっ、車？　いや車なんかで客は来ません」

「えっ、車がなかったら誰も来られないじゃないか」

きょとんとするわれわれを見た彼は私たちにこう言いました。

「この山並みは本当に素晴らしい。故郷を思い出します。だからこの地に道場を開くのです。客を運ぶのはヘリコプターしかないでしょう。東京との間で航路を作れば、東京から来るのはわけもない。近いものです。ヘリコプターから見る山並みはまた違った感動を演出できますよ」

この発言にはやられました。日本人である私たちにはとうていできない発想だったからです。陸路しか頭になかった私たちは交通アクセスのディスアドバンテージを所与のものとして考えることで、その先のアイデアの広がりを確保できていなかったのです。

一方、エベレスト山脈に囲まれて生活するネパールの人々にとってヘリコプターという交通手段はごくあたりまえの移動手段だったのです。なにもこんなに高い山を登るのにくねくね山道を登ってくることはない。ヘリコプターでピューンなのです。

もちろん日本の航空行政は複雑で、航路一つを申請して免許を取ることは並大抵ではありませんが、件のネパール人社長は涼しい顔で、

「航路は必ずとれます」

とおっしゃっていました。

熊本県阿蘇《あそ》高原にあるホテルでは、宿泊客をヘリコプターに乗せて阿蘇山の火口まで遊覧飛行を行なうプランを作っています。阿蘇高原の魅力を地上からだけでなく、空から眺めていただこうという発想は斬新なものがあります。

私も以前、スカンジナビア半島を旅行したとき、ストックホルムからオスロまでを小さなプロペラ機で飛行しました。ノルウェーのフィヨルドをこの目で見たいと計画した旅行でしたが、機上から眺めるフィヨルドが実に雄大で美しく、今でも脳裏に刻まれています。その光景は入江に浮かぶボートの中からの光景よりも数段優るものだったのです。

陸路での移動や観光ばかりを考えがちなステレオタイプの発想から一歩前に出て、空からお客様を呼び込む、こんなアイデアをネパール人社長から学んだのでした。

地方空港間をＬＣＣでつなぐ発想に加えて、山岳地帯が多い日本も単距離をヘリコプターでつなぐ発想を持ってみてはいかがでしょうか。空からの圧倒的に迫力のある日本の姿を訪日外国人客に楽しんでいただく方法もあるはずです。

現在国内で登録されている民間のヘリコプター数は約１０００機にのぼります。しかし、そのほとんどは民間の人員輸送のためには使われていません。報道用や救援用のものが大半だからです。

航路の開拓も含め日本国内を気楽に移動できる手段の一つとして、ヘリコプターは大いに活躍の場があるのではないかと考えます。

レンタカーの隆盛

訪日外国人にとって日本を移動する手段のもう一つに「車」があります。

最近は北海道や沖縄で外国人によるレンタカー利用が急増しています。全国レンタカー協会によれば、二〇一四年、レンタカーを利用した外国人の数は沖縄県で前年比2・3倍、北海道で1・4倍と高い伸びを示しました。両道県とも比較的交通量が少なく、道路も複雑でないことから「気楽に」利用する外国人が増加しているものと思われます。

日本国内で車に対する需要が減退する中、レンタカーおよびカーシェアリングのマーケットが有望視されています。

今後このマーケットが大きく進展するためには訪日外国人客が車という手段を使って気軽に国内を移動できることが必要となります。

ところが彼らが日本の道路に乗り出すと、もっとも困るのが「言語」です。道路標識などの英語表記はかなり充実してきましたが、日本の道は狭くて複雑。そこで彼らを不安なく導くナビゲーションは、不可欠のツールとなります。

レンタカー各社も複数言語に対応できるカーナビゲーションを設定する、英語による交通ルールのパンフレットを用意するなどの対応に努めています。

日本の交通は「左側通行」であることも、多くの訪日外国人客に違和感を覚えさせるところです。左側通行であるために、車は「右ハンドル」となってしまいます。私たち日本人がハワイなどでレンタカーを運転するときも最初はなかなか慣れずにヒヤリとすることも多くありますが、これらの多くがハンドルポジションも含めた交通ルールの違いです。

こうした違いは、ナビゲーションシステムの発達や車の「自動運転」化など、今後の技術開発によってその多くが解決する日がやってくるものと思われます。

訪日外国人が「空」や「海」そして「陸」のいろいろな交通手段を自在に扱って、日本中を旅行して回れるようになる日も近いのかもしれません。

空き家の活用

日本全国には約820万戸にも達する空き家が存在しています。特に地方において空き家問題は深刻になるばかりであり、中国・四国地方になると空き家率（総住宅数に占める空き家の割合）は全国平均の13・5％を大きく上回り、15～16％にも及んでいます。

ところが空き家は、もうぼろぼろになって傍《はた》から見ても何か対策を打たなければならない家ばかりではありません。

親の家を相続したものの、子供たちは皆都会暮らし。さりとて親が大切にしてきた家なので売却するのも忍びない。周囲からも売却なんかしたら何を言われるかわからない。将来自分たちが住む予定もない。そういった「取扱いに困った」空き家が世間では意外と多いのです。

しかし、家屋は人が住まないと劣化が早まるといわれます。風通しを保ち、上下水管はたまには通水をし、電気、ガスもときたま使用していないと、家は意外に早く劣化するものなのです。

そこで、こうした空き家を、日本を旅する外国人に中長期で賃貸しようという動きが広がっています。先述したAirbnbもその一つですが、空き家を活用することにより、外国人が安く寝泊まりができるのならば、使い道に困っていた所有者も含めて、双方にとってメリットがあるというわけです。

彼らは旅人なのでずっと居座ってしまう心配も少ないので貸しても安心というわけです。

こうした空き家の提供は、先述しましたように旅館業法との兼ね合いが難しい側面もありますが、住宅という社会インフラを積極的に有効活用していくこと自体は、地方の活性化の切り札の一つともいえます。

なぜなら、空き家に中長期に外国人が住まうことで、地元にとっては必ず何らかのお金が落ちることになります。またその外国人がこの空き家の所在する土地が気に入り、ツイッターなどでどんどん宣伝をしてくれれば、また新たな外国人の来訪につながるかもしれません。経済効果は意外と期待できるのです。

自治体が取り扱う空き家バンクというものがあります。これは取扱いに困った空き家を所有者に登録してもらい、移住を検討している人などに低廉な家賃で貸し付けたり、売却することを仲介する試みですが、あまり成果を上げていないのが実情です。

「移住」はリタイアメント層などが老後の生活を物価の安い地方などでのんびり送ろう、などという動機で検討するケースが多いのですが、移住後の人間関係などに悩んで結局、数年後には東京などに戻ってしまう例が多いようです。

一方で外国人であれば、移住まで考えるには最終的には日本に「帰化」しなければなりません。地元住民にとっても、表現は別として、いつかは帰るわけですからずっと「お客さん」扱いができることになります。

ということは、ある意味では「割り切ったおつきあい」ができるというものですし、空き家の所有者も家屋を貸して戻ってこなくなるといった心配も少なくなります。

外国人であれば、地元の人も英会話など「生きた外国語」に直接触れることができます。外国人の来訪は外国人に自分たちの何を見せるかだけではなく、外国人の故郷を知るチャンスともなるわけです。何かと日本では評判のよろしくない中国人でも、個人同士でつきあってみると、互いに気心が知れて相互の理解が深まるかもしれません。

外国人のほうでも、ホテルや旅館に宿泊するだけでは本当の日本、地域に触れる機会は少なくなります。空き家に宿泊しながら周囲の人たちとも交流ができるのならば、日本での滞在がまた一歩充実したものとなるでしょう。

国内では活用方法が限られている空き家でも、訪日外国人客などに積極的に住んでいただくことで新たな活用の道が開けてきます。新たに外国人用のホテルや旅館を建設するよりもはるかに安く、そして身近な「おもてなし」ができるというものです。

第六章

日本再生の切り札として

世界大航海時代の幕開け

二〇一五年一月、国連世界観光機関(UNWTO)が発表した「世界観光指標」によれば、二〇一四年の全世界における海外旅行者数(推計値)は11億3800万人と前年比で4・7%の増加、実数で世界最高値を更新しました。

特に日本、韓国、中国、台湾を含む北東アジアは前年比7・1%の大幅増を記録。【図表⑳】世界の人々は歴史的にも稀な「大移動の時代」に入ったともいえます。

一四九二年八月、クリストファー・コロンブスはインドを目指して大西洋をひたすら西に進む航海に繰《く》り出しました。そこで発見したアメリカ大陸。当時は大航海には多くの船員の雇用、船の建造のための巨額な資金を必要とし、スポンサーの意向を背負って旅に出たコロンブスでしたが、現代は飛行機という便利で手軽な運航手段で次々に世界に向かって世界中の人々が飛び立っていく時代となりました。

「世界大航海時代」、再びです。

人々は世界を自らの目で確かめ、自らの頭で考えることができるようになりました。現地では旅先の多くの人々と接する機会も増える。そこでの会話、もてなし、さ

図表⑳ 世界観光出国者数推移

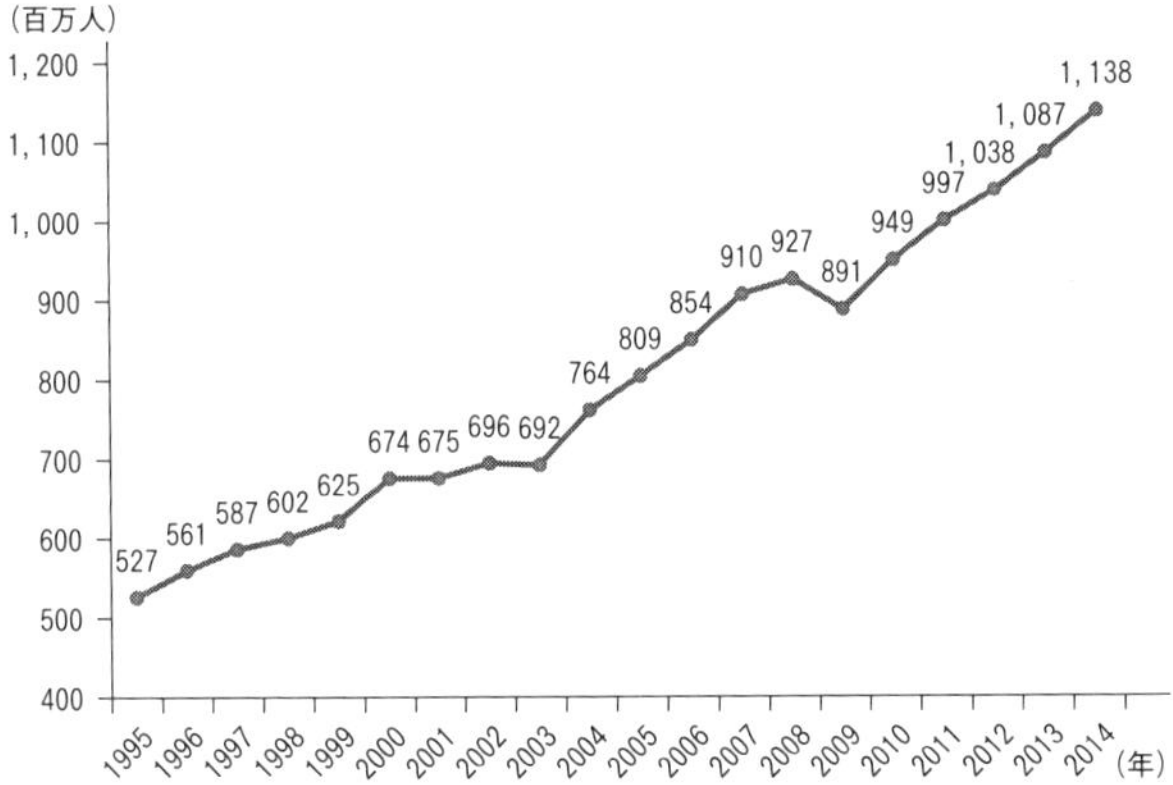

出所：UNWTO（国連世界観光機関）「世界観光指標」2015年1月号

まざまな体験が人々に「本物」との出会いを提供する。観光業の本質です。

世界中の人々が互いの国を見聞きし、交流を深めるということは、相互の不信感を払拭し、世界の平和にも貢献していくのです。相手に対する「無知」と自国に対する鼻持ちならない優越感が、結局は相手に対する憎悪となり、戦争の原因を作り出すことになります。

そうした意味で世界中をたくさんの人々が飛び回る「第二の大航海時代」は世界平和の礎《いしずえ》にもなるといえましょう。

日本も戦後の高度成長を通じて産業を育成し、そして日本製品を引っ提げて世界各地へと飛び立っていきました。まずは日本製の製品を世界中の人々のために供給し、世界の人々のために役立てることから世界の国との交流がスタートしました。

ＯＤＡ（政府開発援助）を通じての国際貢献も重要です。発展途上国の支援や福祉の向上も世界平和のための貢献として高く評価されるべきものです。こうした貢献を通じて世界中の国々との交流が深まることで、日本の世界におけるポジションも確固たるものとなってきました。

しかし、一方でこうした「もの」や「かね」の援助だけで、本当に日本人の一人ひとりが世界の国を理解することはできるのでしょうか。あるいは日本製品を使い、日本のお金で作られた橋や道路を使う人々が本当に私たち日本人を理解してくれるのでしょうか。

カンボジアという国があります。日本はカンボジアに対してＯＤＡとして積極的に支援をしています。二〇一二年ではその支援額は１億８２００万ドル（約２１０億８４００万円）にも及びます。

ところがカンボジアで貿易関係の仕事をしている知人は、私にこう言いました。

「日本からの援助はカンボジアの人々の心になかなか届いていないね」

なぜかというと、日本国政府が行なう支援は「かね」だけであって「ひと」の支援が手薄だというのです。せっかく日本のお金でたくさんの建設機械がカンボジアにやって来ても、「やって来た」のは機械だけです。

ブルドーザーに貼ってある、日本の建設機械メーカーの名前だけを見ても、その機械を動かす人々はそれが「日本製」であるかを意識はしません。

彼によれば、中国や韓国の援助は機械だけでなく「ひと」を派遣してくるので、現地での援助が中国や韓国の人々に主導されて行なわれていることがわかりやすく伝わるのだそうです。

やはり国と国との交流は「もの」や「かね」だけでは限界があります。「ひと」が直接現地を訪れることで、ひとだけが持っている「心」の交流が生まれ、互いの信頼関係が構築されるのです。

再びの世界大航海時代を迎えて、日本が果たす役割は、世界中に「ひと」が赴き、相手国との信頼関係を構築するとともに、これからは世界中の多くの方々に実際に日本を訪れていただき、日本の良さを知っていただく、あるいは「問題」や「課題」を指摘していただく、こんな関係が求められているのではないでしょうか。

人口の減少、年齢構成の高齢化に悩む日本ですが、訪日外国人との交流を深めることで多くの「ニッポンファン」を作ることが、世界における日本のポジションを支えることになります。

それは「経済成長」だけに頼る日本ではなく、日本で培《つちか》われてきた歴史や文化への理解を通じての新しい世界交流として「日本再生」の切り札になっていくのです。

京都はパリになれるか

パリ・イル・ド・フランス地方観光協会は二〇一三年に、この地を訪れた観光客数は３２３０万人（宿泊者数）に達し、そのうちの１５５０万人が外国人旅行者だったと発表しました。フランス全体では外国人来訪者数は８０００万人を超えますが、このパリ地方だけでも、日本全体の訪日外国人客数を凌駕《りょうが》するというのは大変な数字です。

パリは「観光業」が一大産業となっています。雇用者の約1割が観光業に従事しているといわれ、観光関連の雇用者数は50万人に達しています。

一方、日本を代表する観光都市は京都です。世界で最も影響力があるといわれるアメリカのトラベル雑誌「トラベル＋レジャー」（二〇一五年）が発表した「ワールド・ベスト・アワード」によれば、世界の人気観光地ランキングで日本の京都は1位になりました。同誌は京都の魅力について「桜や寺院、庭園に勝《まさ》る」としており、京都の「古都」としての魅力に高い評価を与えています。

また同時に京都は「世界で最も住みやすい25都市ランキング」にも9位にランクインしています。一般的に日本人から見て京都が「住みやすい」街かどうかはやや意見が分かれるところかもしれませんが、外国人から見た京都の魅力は尽きないようです。

このように世界の代表的な観光都市として認知され始めた京都ですが、実際に観光客として京都を訪れる場合、意外と京都という街は不便な街でもあります。

外国人に京都を案内するとき交通標識などの英語表記は進められてはいるものの、

中国語や韓国語といった外国語表記はまだまだ不十分と感じますし、寺院などにおける歴史的背景などの説明表示も、外国語の場合は「おざなり」なものが多く、また外国ではあたりまえの、各国語に対応した音声ガイドの整備もいまだ不十分だと思われます。

もともと京都という土地柄は「よそもの」には冷たいといわれ、同じ日本人でも東京など、別のエリアからの来訪者に対しては表面的には優しくても、心の中は冷たいなどとよく評されるものです。

外国人に対する「おもてなし」でもインフラの整備はもちろん、各国語に対応した交通標識や寺院、庭園などの説明表記が求められるところです。

一方で、京都は昨今急激に増えた訪日外国人客の影響もあって市内の宿泊施設がまったく不足した状態になっています。

ホテルの開発のアレンジメントを行なう私のところにも、ホテル関係業者から、

「京都にぜひ出店したい」

という要請は多数いただくのですが、市内でホテルを建設できるような土地がほと

んど見つからないのが実情です。

京都は開発規制が非常に厳しいのです。特に建物の高さ制限の厳しさは開発業者の間でも頭を悩ます問題です。市内は建物の高さが10、12、15、20、25、31メートルの6段階で規制され、事実上8階建程度の建物までしか建設ができない規制となっています。

おまけに市内は「町屋」と呼ばれる細長い「ウナギの寝床」のような土地ばかりなので、ホテルを建設するのに適した土地も少なく、このことも開発業者を悩ませることになります。

京都としては市内の乱開発を抑制し、世界的観光都市の景観を守ろうということで建物の高さのみならず、さまざまな景観規制を取り入れて、古都としての魅力を保とうというわけです。しかしその一方でこうした宿泊施設不足の恒常化は観光客受け入れのキャパシティーの限界ともいえ、京都がどこまで観光客と開発業者双方のメリットを取り込んだ、優しい都市となれるかが注目されるところです。

パリも市内中心部は古いアパートメントが立ち並び、凱旋門を中心に放射状に延びる石畳の道がこの地を訪れる多くの人々を魅了し続けます。パリ市内の建物の高さ規制も非常に厳しく、①ゾーニングによる規制、②街路幅員に応じた規制、③眺望保全のための規制により高さの最高が37メートルに制限されています。一方で市内外周部の道路沿いには高層ビルが立ち並ぶエリアも設定し、「硬軟とりまぜた」規制を実施しています。

京都は古き良き伝統を守る一方で、京セラや村田製作所、オムロン、堀場製作所、日本電産といった先進的な製造業が立地するエリアでもあります。そしてこれらの京都出身の大企業は大阪に本拠を置いていた他の大企業が続々、本社を東京に移す中、かたくなに京都から本社を移すことをしません。

パリと京都、実は両都市には共通点が多いのかもしれません。増加し続ける観光客に古都の魅力を伝えつつも、新しいチャレンジに向かう基盤を整える、二つの都市の今後に注目したいと思います。

ＭＩＣＥの必要性

国際交流を推《お》し進める有力な手法として、ＭＩＣＥがあります。ＭＩＣＥとはMeeting（会議・研修・セミナー）、Incentive tour（報奨・招待旅行）、Conventionまたは Conference（大会・学会・国際会議）そして Exhibition（展示会）を総称したものです。

ＭＩＣＥの特徴は、ある目的をもって世界各国から大勢の参加者がやってくる催しとして、外国人の招聘《しょうへい》のみならず、会議が開催される都市においては、経済的にも宿泊、観光などの点で非常に効果があることにあります。

次の表は、日本におけるＭＩＣＥの開催状況を表わしたものです。【図表㉑】

日本国内における開催件数を見ると二〇〇七年の１８５８件から二〇一三年には２４２７件と約30％の伸びです。また来場者数は57％伸びて１４２万８５９２人、うち外国人は13万６５５３人となっています。

来場者数に占める外国人比率は10％を切り、政府が考えるような外国人の取り込みには必ずしも成功していない状況にあります。

図表㉑ MICE開催件数推移と中大型会議比率

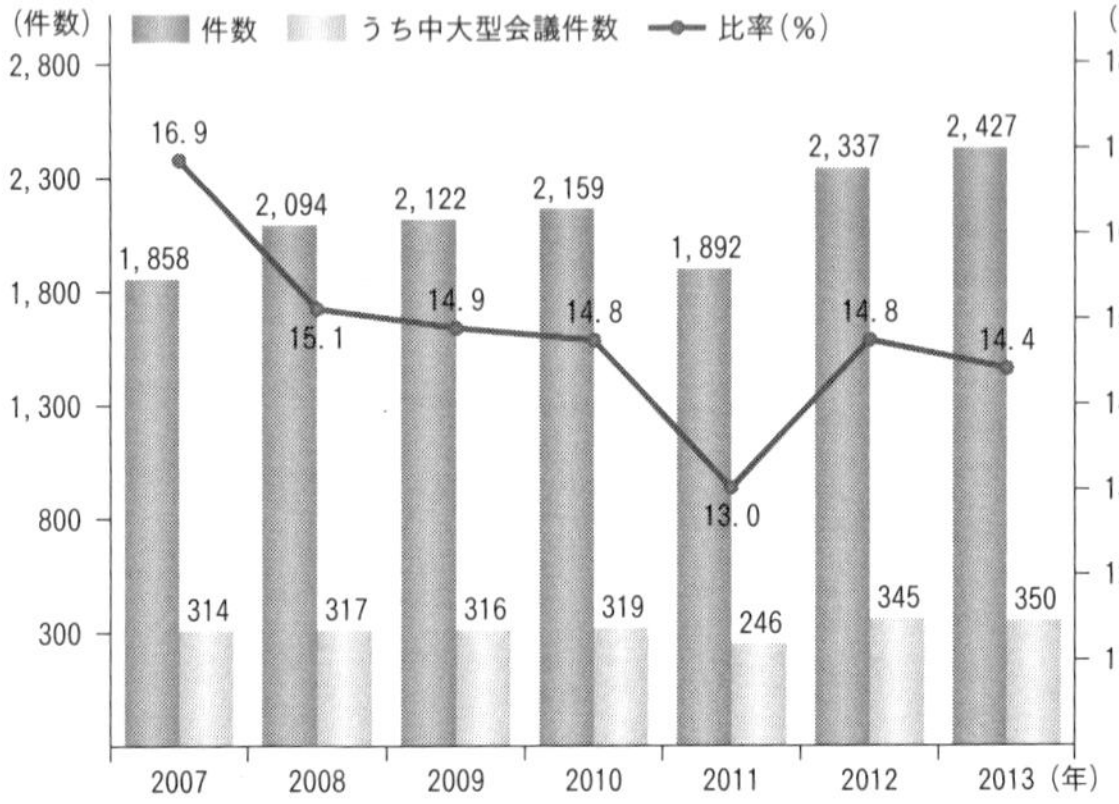

出所：日本政府観光局

　MICEはかつて、アメリカがその開催数でダントツでした。二〇〇〇年の初め頃ではMICEの定番は欧米と言われ、アメリカやベルギー、スペイン、ドイツ、フランスといった西欧諸国が開催拠点でした。

　ところが、アジア経済が勃興《ぼっこう》し、経済の中心が欧米から徐々にアジアに移るに従い、アジア圏での開催が増えてきました。この状況を牽引したのがシンガポールです。

　シンガポールは国を挙げてのMICE振興に取り組み、UIA（国際団体連合）の調べによれば、二〇〇四年には開催数がわずか172件にすぎなかったのが、二〇一

三年では994件とアメリカを抜き世界一の開催数を誇るようになりました。【図表㉒】

これに続いたのが韓国です。韓国もソウル市内にコエックス（COEX）、韓国国際展示場（KINTEX）という巨大会議場をオープンさせ、二〇〇四年にはわずか196件にすぎなかった開催数を二〇一三年には635件、世界3位の開催数を掲げるに至りました。

現在、世界の趨勢《すうせい》は、一時に5000人以上を集めることができる会議場を持つ都市が圧倒的に有利と言われています。たとえばシンガポールにはシンガポール・エキスポ、サンテック・シンガポール、マリーナ・ベイ・サンズという8000人から1万2000人を収容できる、三つの大型会場を擁《よう》しており、最近とみに大型化している国際会議や展示会を根こそぎ誘致してしまっている状態です。

これにひきかえ、日本の会議場は東京・有楽町の東京国際フォーラムでなんとか5000人クラスでの開催が可能なだけで、MICE誘致ではシンガポールや韓国に完全に遅れを取っている状況にあります。

図表㉒ 国別MICE開催件数推移

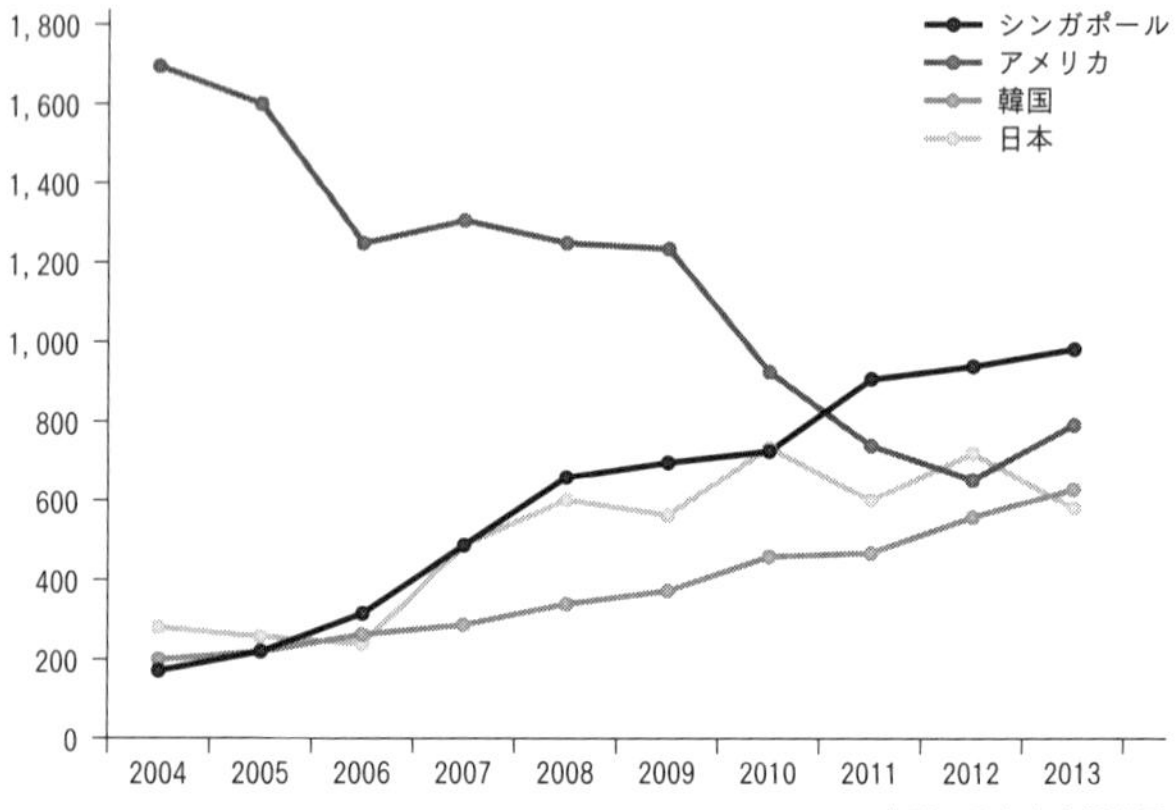

出所：日本政府観光局

大型の会議や展示会であればあるほど、世界各国からの訪日外国人客の来場者も増加します。そうした意味で、今後国内で、より大型の会議場を設置することは必須と思われます。

訪日外国人客の激増は、外国人の日本に対する「親近感」を増すチャンスでもあります。会議や展示会の終了後の観光要素なども積極的に取り入れることで、日本国内でのＭＩＣＥ開催需要を引き上げていくことが肝要です。

ところが、各国のＭＩＣＥ誘致のための予算を見ると、日本は４億９５００万円（二〇一四年度）にすぎず、シンガポールの

12億円、韓国の8億5000万円（いずれも二〇一〇年）と比較しても貧弱と言わざるをえません。

世界経済の中心がアジアに移る中、日本のMICE振興策の更なる充実を求めたいところです。

IRは必要か？

IR（Integrated Resort　カジノを含む統合リゾート）に関する議論が喧《かまびす》しいようです。

IRというとカジノばかりが強調されますが、実はカジノのほかにホテル、劇場、パーク、ミュージアム、MICE施設などを「統合」したリゾート施設を建設しようとするものです。

カジノは日本の刑法に照らして禁じられています。刑法185条および186条において賭博は「すること」「常習とすること」「開帳すること」に対して罰則を規定しているからです。

二〇一四年六月国会に提出された「特定複合観光施設区域の整備の推進に関する法律案」（IR推進法案）は、消費税増税を巡る国会の紛糾から衆議院総選挙に至り、事実上審議を行なうことができずに廃案となりました。

廃案とはなったものの、関係者の間ではなんとか二〇二〇年の東京五輪までにはIR施設を建設したい意向が強いとされます。法律で禁じられている施設を国内で「特別に」作りましょうというのが、今回の法案の趣旨ですが、この法案の背景には何があるのでしょうか。

カジノ導入の是非を巡ってよく議論となるのが、日本にはすでにパチンコという、賭博に酷似した遊戯施設があるということです。国民の射幸心を「ある程度」は許容するという議論となった場合には、日本にはすでにパチンコという立派な「賭博場」が存在するということになります。

しかし、IRの場合、実はカジノだけが目的ではないのです。というのもIR施設全体でカジノが占める面積というのはわずか5％にも満たないのです。残りの面積は他のホテルや劇場、MICEなどの施設が中心となります。

ところがIR施設全体の収益の80％以上をこのカジノで稼ぎ出そうというのが、このIR推進法案の狙いです。つまり、もともと採算性が期待できないMICE関連の施設や巨大な劇場などの運営費を賄うためにカジノでの「荒稼ぎ」を利用しようというのがIRを推進する主張の根拠です。

カジノはヨーロッパを起源とし、語源はイタリア語と言われています。アメリカでは一九三一年にネバタ州で合法とされ、一九四〇年代にできたラスベガスはカジノを中心に数々のエンターテイメント施設をそろえた街として、今や世界中の観光客を集めるに至っています。

ラスベガスなどでやはり特徴的なのが、カジノの収益によってエンターテイメント施設を運営するという手法です。カジノ自体は国や地域、施設による「差別化」は難しいですが、付随するエンターテイメント施設は、カジノで上げた収益を惜しみなく注ぎ込むことによって、特徴のある施設を提供することが可能となります。

いわば、カジノはこうした施設のためのマネー製造機ともいわれ、現在、世界の約120ヵ国で合法化されています。

日本で競輪、競馬あるいは競艇といったギャンブルの収益金が公共福祉のために使われるのと同じような発想で、カジノをIRの中心に据《す》え、そこから上がる収益金で、たとえ収益性は悪くとも、社会にとって必要で魅力的な施設の運営資金に充当し、これらの施設で「遊ぶ」ことを目的にやってくる訪日外国人を増やそうということです。

さてこのIR、国内では大変評判がよろしくないようです。どうしてもカジノ＝賭博という印象はぬぐい難いものがあります。また、賭け事は人の心を「高揚」させる一方で、これに溺《おぼ》れ、犯罪や自殺につながる、また麻薬などの持ち込み、反社会的勢力の跋扈《ばっこ》など気になる点は枚挙にいとまがありません。

何も無理をしなくとも、訪日外国人客を迎え入れることは、現状でも十分可能のようにも見えます。

しかし一方で、カジノはいわば一つの「客寄せパンダ」。賭け事が好きなのはどうやら古今東西共通のようです。カジノという看板に集まってくる人たちは、何も「悪い人たち」ばかりではありません。ラスベガスのように普通に家族連れがやって来て、たとえカジノで遊ばなくとも、エリア内に存する魅力的なエンターテイメント施設で楽しむことができます。

また巨大な劇場やホールを造ることは、そのハコで演じられる映画や演劇、音楽などのソフトウェアを育てることにもつながります。

したがってこうした施設は厳しい犯罪対策を行なったうえで、エリアを限定して実現する限りにおいては、むしろそこから生まれる経済効果に着眼すべきなのかもしれません。

ＩＲ候補地としては東京のお台場や大阪臨海部の人工島「夢洲《ゆめしま》」などのほか北海道や横浜、千葉、長崎や宮崎などが取り沙汰されていますが、私は外国人の日本観光の「起点」としての位置づけを明確にして、そこから日本各地へアクセスしやすい場所を優先して考えて、首都圏や関西で整備することがよいのではと考えています。

よく地方創生の柱に、などと言われますが、地方創生の切り札がギャンブルというのも何やら情けない話です。

こういった「人工の」施設はそれがふさわしい東京や大阪といった大都市で受け止

め、降り立った外国人を日本各地に誘導することで観光ルート化できればよいのではないでしょうか。

世界はイベントに飢えている

CDのような有料音楽ソフトの売り上げの減少が止まりません。二〇〇五年には3億1800万枚、3598億円の売り上げを記録していたCDは二〇一四年には1億7038万枚、1840億円。わずか10年弱の間に枚数で44％減、売り上げで49％も下落してしまったのです。

私の知人にCD、DVDなどのソフト販売を手掛ける会社の部長がいます。彼によれば、今の日本では100万枚を売るようないわゆる「ミリオンセラー」となるCDはほとんどなく、二〇一四年ではたったの2作品（アルバム）になってしまったとのことでした。二〇〇五年には14作品もあったことからしても隔世の感です。

この知人によれば、有料音楽配信がいきわたる中、CDの楽曲をもはや「作品」として鑑賞するのではなく日常のもの、つまりコモディティ（汎用品）として「聞き流す」時代に入ったといいます。

そうした中で彼の会社が儲かる唯一のアイテムが「ライブ」なのだそうです。ライブで流れる音楽は作品そのものであっても、ライブという舞台は「その場一回限り」の「ハレ」の場です。

最近の顧客というのはこうした「唯一無二」の「レア」な感覚を楽しむ傾向にあるのだそうです。ライブであればチケット代が多少高かろうが、あるいはライブ会場が遠かったとしても、その場に「楽しみを同じく」する仲間が集い、同じ曲を聴き、同じ感動に浸《ひた》る、という状況を好むのです。

最近でもサッカーのワールドカップやワールド・ベースボール・クラシックになると、どこからそんなにサッカーや野球のファンが出現するのかといった「熱狂」が日本列島を覆《おお》い尽くすのも、どうやらこの劇場型イベントを日本人が好むようになっている証左ともいえます。

二〇一九年開催のラグビーワールドカップもその翌年の東京五輪も、おそらく同じ構造での「熱狂」が醸成されることでありましょう。

同様に現代は、世界中の人々がこうしたイベントあるいはイベント型のソフトウェアに心をときめかす傾向にあるといいます。

ディズニーランドはアメリカ、カリフォルニア州のアナハイムに一九五五年にオープンしました。以降六〇年にわたって存続していますが、ディズニーは老若男女が好むキャラクターであるミッキーマウスが主人公であることに何ら変わりなく、しかも今でも、世界における人気キャラクターの地位は不動のままです。

彼らがディズニーランドという劇場で歌い、踊る姿というのは、まさにこの劇場型ライブの典型です。

一方でマクドナルドというハンバーガーチェーンがあります。マクドナルドは同じくアメリカが発祥の地。一九四〇年カリフォルニア州サンバーナーディーノでマクドナルド兄弟がオープンしたハンバーガーショップがそのスタートです。

彼らが生み出した「スピード・サービス・システム」のキャッチフレーズと工場生産型の生産方法は一九四〇年代になってアメリカの一般大衆に受け入れられ、マクドナルドは世界を席巻する巨大ハンバーガーチェーンとなりました。

ところが、二〇一四年中国で生じた鶏肉問題に象徴されるようにマクドナルドは急速にその存在感を失いつつあります。その一方でたとえば東京ディズニーリゾートの来場客は3000万人を超え、入場料金を値上げしても来場客数に一切影響が出ないという「驚異的な」エンターテイメント施設に成長しています。

ほぼ同じ時代に産声を上げ、アメリカ資本主義の代名詞として世界に君臨を続けてきたディズニーランドとマクドナルドが今、大きく異なる二つの道に分かれていこうとしています。

大衆一人ひとりに均一の料金で同じ品質の「おいしい」ハンバーガーを安く、速く提供したマクドナルドは、世界中に店舗網を構えることに成功したのですが、今や全世界の人々がこのマクドナルドというハンバーガーに「飽きて」しまったのかもしれません。健康がどうのという指摘も多いのですが、そもそも健康に気を遣《つか》う人はマクドナルドにはなるべく手を出さないのが実態です。

おそらくマクドナルドの不振は、ハンバーガーという食べ物に「なんら感動がなくなった」だけなのです。コモディティと化したハンバーガーはその一つ一つはおいしくても、もはやお店に殺到せずともいつでもどこでも食べられるということが、逆にマクドナルドを苦境に立たせたのかもしれません。

一方のディズニーランドは、音楽イベントと同じ「ライブ」であることに価値があります。そしてディズニーが打ち出すキャラクターについては、ミッキーマウスは永遠の主役であるものの、次々と新しいキャラクター、人気アトラクションを登場させることで、ソフトウェアの陳腐化を防ぎ、ディズニーランドが世界中にわずか数ヵ所にしかない「希少性」を逆手に取った営業で世界のエンターテイメントの頂点に君臨し続けているのです。

日本では観光というと、すぐに受け入れのための「ハコ」をこしらえることばかりを考えがちですが、実は訪日外国人客が日本で興味、関心を寄せるものはこの日本全体が持っているキャラクター＝ソフトウェアなのです。

したがって、彼らは「日本」という国で築かれる歴史や文化、あるいはポップカルチャーのようなソフトウェアに反応をしているのです。

世界はイベントに飢えています。日本からの情報発信も、常に「日本」というソフトウェアを「ライブ」として発信し続けることです。ハードはソフトウェアを彩《いろど》るための付属品のようなものです。

ライブにはストーリーがあります。完璧なストーリー構成の下で日本を楽しんでいただく。それはＣＤのような工業製品で作られた「均質・均一」のハードの提供ではなく、またマクドナルドで提供されるようなどこでも「同じ味」のハンバーガーでもない、日本を訪れた外国人一人ひとりに違った体験、感想をもって日本を味わっていただくイベントの提供なのです。

そうした意味では世界遺産にも同じことが言えるかもしれません。世界遺産は、遺産というハードについては貴重なものかもしれませんが、実はその遺産に込められたソフトウェアの部分が評価されなくては、単なる「廃墟」と同じようなものです。

もちろん、建築学的に評価される建物はあって然《しか》るべきですし、ハードとしての価値の多寡《たか》を議論することに異存はありませんが、この遺産を訪れる多くの観光客はその遺産に流れている歴史や文化の重みに触れ、それを自分の目や肌で感じることからその遺産に対しての「重み」を理解するのではないでしょうか。

それにつけても最近の世界遺産への登録合戦も、ともすると遺産というハードを登録さえすれば多くの観光客で賑わうだろうという「銭勘定」にばかり目が行って、遺産に眠るソフトウェアをどのように説明するのか、肝心な部分を蔑《ないがし》ろにして誘致合戦だけが過熱しているようにも感じられます。

結局、お客様に対してソフトウェアを体系立てて説明しない限り、ライブに集まるお客様は「できそこない」のライブを「観て」、「聴いて」、「がっかり」して帰るだけになるのです。それでは誰もがディズニーランドになることはできないのです。

英語特区の可能性

訪日外国人客を増加させるために政府はさまざまな施策を展開してきました。それらの施策は徐々に効果を上げつつあり、訪日外国人客の数は二〇二〇年2000万人という目標を、大幅に前倒しして達成することになりそうです。

しかし、私の知り合いの外国人に聞いても彼らが日本にやって来て「もっとも戸惑う」ことが日本語という言語だといいます。

日本語は中国から伝来した漢字、日本で固有に発達したカタカナ、ひらがなという3種類の文字が入り混じった複雑な言語です。

日本を最初に訪れた訪日外国人客が空港からバスや電車などの交通機関に乗って車窓を眺めて最初に驚くのが、

「看板の字が何も読めない」

という感覚です。同じ感覚を持つのが、私たちが韓国に出かけたときではないでしょうか。

中国の上海や北京、あるいは香港の通りを歩いていても、私たち日本人は漢字を理解するので、たとえレストランに入っても出てくる食材が、飯なのか麺なのかくらいの違いは大体わかるというものです。

これがソウルの街に降り立つと何もわからない、というあの感覚です。その点、シンガポールは漢字表記のほかほとんどすべてに英語表記が加わるため、訪れる外国人にはほとんど違和感がありません。

次に彼らが指摘するのが、意思疎通の難しさです。日本人でもだいぶ英語を解する人は増えましたが、やはり「話す」という段になると多くの日本人が寡黙となってしまいます。

無理もありません。どんなに英会話学校に通っても、日常の会話で英語が話せる環境にあるのは一部の外資系企業だけだからです。これがシンガポールに行けば、通りを歩くほとんどの人たちが英語を理解し、そして的確に会話ができます。

日本が、あるいは東京がアジアのグローバル都市としてその存在感を高めようとするときに、必ず障害となるのがこの「日本語」という言語の特殊性です。多くの外資系企業がアジアの拠点をシンガポールに置き、東京に置かない理由は地政学的なものもあるものの、やはり「意思疎通」のスムーズさも影響しているのかもしれません。

そこで、提言したいのは東京都内の一部エリアを「英語特区」にするという発想です。

政府は今、全国の9つのエリアを国家戦略特区に指定して、さまざまな規制緩和や外国人、外資系企業の誘致などを進めています。しかし、これらの施策はやや総花的で、また不動産開発のための建物建設の際の、容積率緩和や斜線制限の緩和など、相変わらずの「ハコ」もの行政の域を出ていないものです。

特区内の外資系企業に対して法人税率を下げる、登録手続きを簡素にする、外国人家政婦の入国を認めるなどといった施策も検討されていますが、実は一番肝心なのは「言語」であると思います。

つまり特区内の使用言語は英語を公用語とするのです。ちなみに交通標識も英語を「主」とし、日本語を「従」とします。特区内の学校も授業は英語です。百貨店やスーパーの値札もドル建て表示でよいでしょう。特区内のレストランやお寿司屋さんもすべて注文は英語です。銀行も役所も英語が使用言語です。

こうした普通の外国人が普通に暮らし、働いていける「特区」を考えてみてはいかがでしょうか。もちろん、江戸時代の出島《でじま》ではありませんので、一般の日本人も暮らせますから、日本人がこの街に住むことによって英語力は飛躍的にアップすることが期待できます。

特区内にまたぞろたくさんの超高層オフィスやホテル、タワーマンションを建設することも結構でしょうが、本当の意味でグローバル化を目指すのならば、ソフトウェアの転換です。

英語特区の創設は設立当初こそ若干の混乱があるでしょうが、この特区に集まる外国人や日本人によってまた新しい街のモデルを創造していけばよいのです。そこに真の国際交流が生まれ、日本人も自信をもって外国人と触れ合い、そして外国人も不安なく日本で生活できる起爆剤となるかもしれません。

東京で成功を収めればこれを横浜、大阪、名古屋、など他の主要都市にも拡大していけばよいと思います。「英語特区」ぜひとも実現させていきたいものです。

Japan Village 構想実現に向けて

訪日外国人客が日本でビジネスを行なう場合、日本語という言語が障害になるので「英語特区」を創設するべきだといいました。

一方で訪日外国人客にとって、ビジネスで来られる方も、あるいは観光で短期間滞在される方も、期間内に日本を味わい尽くすことは、なかなか十分にはできません。

日本にとっても多くの訪日外国人客に日本の真の姿を知ってもらいたいですし、今回は行けなかった、国内の他の地方にもぜひ次回は足を向けてもらいたいと思うことでしょう。

そこで、国内の主要空港の中、あるいは空港周辺地で、ジャパンビレッジ（Japan Village）を設けたらいかがでしょうか、という提言をしたいのです。

これは先述した地方空港における「空の駅」は、道の駅の「空」編という位置づけでしたが、そうしたお土産ものを中心としたハード（ハコもの）ではなく、むしろ日本をテーマにしたディズニーランドに近いものを想定しています。

このテーマパークでは日本の持つ最新のロボットが施設内の案内を行ない、ステージでは日本が誇るエンターテイメントの一つであるAKB48を目指すアイドルの卵たちが歌い、アニメを鑑賞でき、そして日本の美しい自然を鑑賞できるビデオが流れ、それぞれの地方で育まれた伝統工芸品に触れることができる、地方の特産品が味わえるというものです。

お土産を売ることももちろん大事ですが、あくまでもテーマパークとしてのソフトウェアに重点を置き、日本を覚え、親しみを持ち、

「もう一度日本に来たい」
と思わせるソフトウェアを中心とするのです。

空港に設置する意味は、日本から帰る外国人を対象としたいからです。日本到着時では、日本国内の目的地に行くことに目を奪われていますので、むしろ帰国するときの、飛行機に搭乗する前のひととき、楽しかった日本をもう一度振り返っていただく、時間がなかった人は「手っ取り早く」日本を味わっていただく、こんなポジションでの施設展開を想定しています。

日本の誇る工業製品や技術の案内をするコーナーがあってもよいでしょうし、祭りなどの伝統行事を定期的に観ていただくのもよいかもしれません。日本全国のラーメンが一堂に会するラーメン博物館が併設されてもよいかもしれません。

このジャパンビレッジ構想、以前国内ではやった、スペイン村やオランダ村という発想ではなく、まさしく日本国内に、あえて日本を紹介するテーマパークとして、日本の主要な企業、金融機関、そして観光庁や自治体が知恵を絞りあってぜひ実現をしていただきたいと思います。

おわりに

真の観光立国を目指して

ある地方の離島で、地元ホテルのコンサルティングを行なっていたときの話です。この島は大変風光明媚で、かつては夏になると大勢の観光客で賑わい、海のスポーツやテニスなどの運動合宿もたくさん行なわれてきました。

しかし、近年若者人口が減少する中、次第に島にやってくる観光客は数が減り、テニスコートが使われることは少なくなり、観光収入の減少は島の経済を直撃するようになったのでした。

数日間の滞在で気づいたのは、島の側にお客様をお迎えするためのソフトウェアがないということでした。

どういうことかというと、昔は黙っていてもお客様は来たのでした。たくさんの若者が島を目指して夏になると（さして努力をせずとも）やって来てくれたのでした。

そんな若者たちがいなくなってしまったのは、島の責任ではありません。日本の人口が減少に転じ、若者人口が急速に減少してしまったことが原因の一つ。若者の嗜好が変化し、テニスや海水浴といった体育会的なノリよりもネットやスマホなど、別の楽しみが増えてしまったのが、原因の二つ目。国内外の観光地（島にとってのライバル）の選択肢が増え、また旅費も安くなる中、島にたどり着くまでの時間と意外と高い交通費がネックとなって、今どきの低収入の若者には島は遠い存在となってしまったのが原因の三つ目、いずれももっともな理由です。

そしてここからが問題です。「ならば」どうすればいいのか。

いなくなってしまった若者を追いかけても、おそらくむなしいでしょう。新しく島にやって来てくれそうなお客様を「マーケティング」することから、始めなければなりません。

訪日外国人客についてのお話をしようとしたのですが、事前に島のデータを見てびっくりしました。来島する外国人はほとんどいなかったのです。一年間で何人の外国人が宿泊したか、フロント担当の女性にお聞きしても彼女らも首を傾げるばかり。

一方で島の歴史を調べたり、地元の方からお話を伺ったりすると、この島は実に魅力的な歴史的事実と神秘に満ち溢れた島であることに気づきました。また島古来の伝統芸能も息づき、私から見ても実に魅力に富んだ素敵な島に映りました。

外国人は来ないといいますが、ただこの島の存在に気づいていないだけかもしれないのです。

神秘という意味では外国人だけではありません。女性や高齢者の方だってこの島に興味を持つかもしれません。今まで「来なかった」からといって、明日も来ない客ではないのです。

島のホテルの方々も、私の提案をとても熱心に聞いてくださいました。

「そうだ、お客さんは自分で見つけるんだ」

この発想に転換していただければ、この島の観光業もまた新たなステージに上れるかもしれません。

訪日外国人客は今や日本国中をほっつき歩き、日本の魅力をあちらこちらで見つけて楽しんでいます。受け入れるわれわれも彼らに正確な情報を届けてあげるところからサポートしたいものです。

こうした仕事をしていて私が常に感じているところですが、訪日外国人客に対する「おもてなし」を、ホテルや旅館、外国人の来店を期待する店舗の方々だけが行なうのではなく、願わくは、ぜひ街の人全体でなさっていただきたいのです。

「なんか、最近ガイジン増えたよね」

という会話ではなく、街を歩く外国人と積極的に会話する、道を教えてあげる、そんな一つ一つの行動から国際交流・相互理解は生まれるのです。

すべての日本人が「自分は関係ないし」と思うのではなく、全員で日本の宣伝部長になってみてはいかがでしょうか。

インバウンド＝訪日外国人２０００万人との交流は、今始まったばかりなのです。

切りとり線

★読者のみなさまにお願い

この本をお読みになって、どんな感想をお持ちでしょうか。祥伝社のホームページから書評をお送りいただけたら、ありがたく存じます。今後の企画の参考にさせていただきます。また、次ページの原稿用紙を切り取り、左記まで郵送していただいても結構です。

お寄せいただいた書評は、ご了解のうえ新聞・雑誌などを通じて紹介させていただくこともあります。採用の場合は、特製図書カードを差しあげます。

なお、ご記入いただいたお名前、ご住所、ご連絡先等は、書評紹介の事前了解、謝礼のお届け以外の目的で利用することはありません。また、それらの情報を6カ月を越えて保管することもありません。

〒101-8701（お手紙は郵便番号だけで届きます）
祥伝社新書編集部
電話03（3265）2310
祥伝社ホームページ　http://www.shodensha.co.jp/bookreview/

★本書の購買動機（新聞名か雑誌名、あるいは○をつけてください）

＿＿＿＿新聞の広告を見て	＿＿＿＿誌の広告を見て	＿＿＿＿新聞の書評を見て	＿＿＿＿誌の書評を見て	書店で見かけて	知人のすすめで

★100字書評……インバウンドの衝撃

名前
住所
年齢
職業

牧野知弘　まきの・ともひろ

1959年、アメリカ生まれ。東京大学経済学部卒業。ボストンコンサルティンググループを経て、三井不動産に勤務。2006年、J-REIT（不動産投資信託）の日本コマーシャル投資法人を上場。現在はオラガHSC株式会社代表取締役としてホテルや不動産のアドバイザリーのほか、市場調査や講演活動を展開。『なぜ、町の不動産屋はつぶれないのか』『なぜビジネスホテルは、一泊四千円でやっていけるのか』『空き家問題』（いずれも祥伝社新書）などの著書がある。

インバウンドの衝撃《しょうげき》
――外国人観光客《がいこくじんかんこうきゃく》が支《ささ》える日本経済《にほんけいざい》

牧野《まきの》知弘《ともひろ》

2015年10月10日　初版第１刷発行

発行者………………竹内和芳
発行所………………祥伝社しょうでんしゃ
〒101-8701　東京都千代田区神田神保町3-3
電話　03(3265)2081(販売部)
電話　03(3265)2310(編集部)
電話　03(3265)3622(業務部)
ホームページ　http://www.shodensha.co.jp/

装丁者………………盛川和洋
印刷所………………萩原印刷
製本所………………ナショナル製本

造本には十分注意しておりますが、万一、落丁、乱丁などの不良品がありましたら、「業務部」あてにお送りください。送料小社負担にてお取り替えいたします。ただし、古書店で購入されたものについてはお取り替え出来ません。
本書の無断複写は著作権法上での例外を除き禁じられています。また、代行業者など購入者以外の第三者による電子データ化及び電子書籍化は、たとえ個人や家庭内での利用でも著作権法違反です。

© Tomohiro Makino 2015
Printed in Japan　ISBN978-4-396-11439-8　C0263

〈祥伝社新書〉
仕事に効く一冊

095
デッドライン仕事術
すべての仕事に「締切日」を入れよ

仕事の超効率化は、「残業ゼロ」宣言から始まる！

元トリンプ社長 吉《よし》越《こし》浩一郎

207
ドラッカー流 最強の勉強法

「経営の神様」が実践した知的生産の技術とは

ノンフィクション・ライター 中野 明

306
リーダーシップ3.0
カリスマから支援者へ

強いカリスマはもう不要。これからの時代に求められるリーダーとは

慶応大学SFC研究所上席所員 小杉俊哉

357
物語 財閥の歴史

三井、三菱、住友を始めとする現代日本経済のルーツをストーリーで読み解く

中野 明

394
ロボット革命
なぜグーグルとアマゾンが投資するのか

人間の仕事はロボットに奪われるのか？ 現場から見える未来の姿

大阪工業大学教授 本田幸夫

〈祥伝社新書〉
歴史から学ぶ

379
国家の盛衰 3000年の歴史に学ぶ
覇権国家の興隆と衰退から、国家が生き残るための教訓を導き出す！
上智大学名誉教授 渡部昇一
早稲田大学特任教授 本村凌二

361
国家とエネルギーと戦争
日本はふたたび道を誤るのか。深い洞察から書かれた、警世の書！
上智大学名誉教授 渡部昇一

168
ドイツ参謀本部 その栄光と終焉
組織とリーダーを考える名著。「史上最強」の組織はいかにして作られ、消滅したか？
渡部昇一

366
はじめて読む人のローマ史1200年
建国から西ローマ帝国の滅亡まで、この1冊でわかる！
早稲田大学特任教授 本村凌二

351
英国人記者が見た **連合国戦勝史観の虚妄**
滞日50年のジャーナリストは、なぜ歴史観を変えたのか？ 画期的な戦後論の誕生！
ジャーナリスト ヘンリー・S・ストークス

〈祥伝社新書〉
経済を知る・学ぶ

111
超訳『資本論』
貧困も、バブルも、恐慌も——マルクスは『資本論』の中に書いていた！
神奈川大学教授
的《まと》場《ば》昭《あき》弘《ひろ》

151
ヒトラーの経済政策
世界恐慌からの奇跡的な復興
有給休暇、がん検診、禁煙運動、食の安全、公務員の天下り禁止……
フリーライター
武田知弘

361
国家とエネルギーと戦争
国家、軍隊にとってエネルギーとは何か？　歴史から読み解いた警世の書
上智大学名誉教授
渡部昇一

343
なぜ、バブルは繰《く》り返されるか？
バブル形成と崩壊のメカニズムを経済予測の専門家がわかりやすく解説
久留米大学教授
塚崎公義

371
空き家問題
２０４０年には10軒に４軒が空き家に！　日本を揺るがす大問題がここに！
不動産コンサルタント
牧野知弘